职业技能等级认定学练丛书

动 态 检 车 员

中国铁路呼和浩特局集团有限公司　编

中国铁道出版社有限公司

2024年·北 京

内 容 简 介

本书为“职业技能等级认定学练丛书”之一，适用于动态检车员岗位中级工、高级工、技师、高级技师四个等级日常培训和考试，每个等级包含100道问答题和10道实操题。本书内容具有理论性和实践性，现场实用性强，对动态检车员岗位各等级认定具有指导意义。

本书可作为动态检车员岗位培训用书，也可供相关专业人员学习参考。

图书在版编目(CIP)数据

动态检车员/中国铁路呼和浩特局集团有限公司编.—北京：中国铁道出版社有限公司，2024.3

(职业技能等级认定学练丛书)

ISBN 978-7-113-31068-4

Ⅰ.①动…　Ⅱ.①中…　Ⅲ.①铁路车辆-动态检验-职业技能-鉴定-教材　Ⅳ.①U279.3

中国国家版本馆CIP数据核字(2024)第045090号

书　　名：动态检车员
作　　者：中国铁路呼和浩特局集团有限公司

责任编辑：黄　璐　　**编辑部电话：**(010)51873138　　**电子邮箱：**jiliang@tdpress.com
编辑助理：王熙文　徐经纬
封面设计：刘　莎
责任校对：安海燕
责任印制：樊启鹏

出版发行：中国铁道出版社有限公司(100054，北京市西城区右安门西街8号)
网　　址：http://www.tdpress.com
印　　刷：北京联兴盛业印刷股份有限公司
版　　次：2024年3月第1版　2024年3月第1次印刷
开　　本：787 mm×1 092 mm　1/16　**印张：**12.5　**字数：**260千
书　　号：ISBN 978-7-113-31068-4
定　　价：114.00元

编 委 会

前　言

为进一步提高铁路职工教育培训的针对性和实效性，大力促进全局职工队伍岗位技能达标，2015 年劳动和卫生部组织专业技术人员编写了“铁路特有工种操作技能鉴定学练丛书”。该丛书为同期职业技能鉴定培训提供了有力的支撑，在铁路高技能人才培养选拔、落实全员持证上岗制度和确保运输生产安全稳定发展方面发挥了重大的作用。

随着我国铁路建设的持续发展，新技术、新设备不断更新应用，铁道行业标准、《铁路技术管理规程》等规章标准相应提升变化，丛书的范围和内容已经不能适应新时代铁路职工职业技能等级认定培训学习需求，急需进行修订完善和扩充拓展。

党的二十大报告要求，深入实施人才强国战略。为落实二十大精神，集团公司在技能人才队伍培养方面推出了一系列的新举措。其中，丛书修订完善作为一项重要工作进行落实，在对 62 个铁路特有工种进行修订完善的基础上，将丛书拓展为 90 个铁路特有工种和 8 个通用工种，并更名为“职业技能等级认定学练丛书”。

“职业技能等级认定学练丛书”在编写内容上力求体现以“优化职业活动为导向，以提升职业技能为核心”为指导思想，以“国家职业标准”“铁路特有工种技能培训规范”“高速铁路岗位培训规范”等为标准，以客观评价职工操作技能水平为目标，力求知识的系统性、连贯性和精炼性，突出针对性、典型性和适用性。

“职业技能等级认定学练丛书”是铁路职工职业等级认定操作技能考试前培训和自学教材，对职工各类在职教育和考试也有重要的参考价值。

“职业技能等级认定学练丛书”的编写是一项系统性、全面性的工作，工作难度比较大。在丛书的编写和审定过程中得到了集团公司职培部、各业务部及有关单位的大力支持和帮助，在此表示感谢！由于编写水平有限，加之时间仓促，恳请读者提出宝贵意见和建议。

中国铁路呼和浩特局集团有限公司

2023 年 9 月

前言

目　录

第一部分　中　级　工

第二部分　高　级　工

第三部分　技　　师

第四部分　高级技师

第一部分　中　级　工

1. 铁道车辆按用途是如何分类的?

答:车辆按用途分为客车、货车及特种用途车(如试验车、发电车、轨道检查车、检衡车等)。

2. 车辆轮对的内侧距离是如何规定的?

答:车辆轮对的内侧距离为 1 353 mm,其允许偏差为±3 mm,120 km/h$<v\leqslant$160 km/h 客车其允许偏差为±2 mm。车辆轮辋宽度小于 135 mm 的,按车辆检修规程执行。

3. 动车组应有哪些识别标记?(动车组)

答:动车组应有识别的标记:路徽、配属局段简称、车型、车号、定员、自重、载重、全长、最高运行速度、制造厂名和日期、定期修理日期、修程和处所。动车组应有"电化区段严禁攀登"的标识。

4. 列车按运输性质是如何分类的?

答:(1)旅客列车(动车组列车,特快、快速、普通旅客列车等)。(2)特快货物班列。(3)军用列车。(4)货物列车(快速货物班列、快运、重载、直达、直通、冷藏、自备车、区段、摘挂、超限及小运转列车等)。(5)路用列车。

5. 动车组的修程是如何规定的?(动车组)

答:动车组实行以走行公里周期为主、时间周期为辅的计划预防修,检修方式以换件修为主,主要零部件采用专业化集中修。动车组修程分为一、二、三、四、五级,检修周期及技术标准按动车组检修规程执行。

6. 列车的定义是什么?

答:列车是指编成的车列并挂有机车及规定的列车标志。动车组列车为自走行固定编组列车。单机、大型养路机械及重型轨道车,虽未完全具备列车条件,亦应按列车办理。

7. 铁路信号是如何分类的?

答:铁路信号分为视觉信号和听觉信号。视觉信号的基本颜色:红色表示停车;黄色表示注意或减低速度;绿色表示按规定速度运行。听觉信号:号角、口笛、响墩发出的声响和机车、自轮运转特种设备的鸣笛声。

8. 列检作业场的等级及设置是如何规定的?

答:列检作业场等级分为特级和一级,并按以下规定设置:(1)特级列检作业场设置在日均解体作业 3 000 辆及以上的编组站车场。(2)一级列检作业场设置在列车编组作业量较大或大量装卸货物的其他编组站、区段站的车场以及停车技术作业中转列车较多的区段站、中间站。

9. 列检作业场、动态检查作业场是如何命名的?

答:(1)列检作业场的名称须与所在车场、站区的名称相对应,站区内设多个车场时,原则上采用上行或下行、到达或始发、一等或二等方式进行命名。(2)动态检查作业场利用 TFDS① 以动态检查方式进行列车技术检查,动态检查作业场的名称须与所在车场、站区或集中作业地点的名称相对应。动态检查作业宜集中进行。

10. 货物列车制动机试验是如何分类的?

答:(1)持续一定时间的全部试验。(2)简略试验。

11. 铁路货车同一转向架旁承间隙是如何规定的?

答:(1)同一转向架左右旁承间隙之和限度为 2～20 mm(铁路货车任何一侧旁承间隙须大于 0,载重 280 t 及以上铁路长大货物车须大于 2 mm)。(2)双作用弹性上下旁承间隙限度为 0。

12. 转向架各垂下品与轨面水平线垂直距离是如何规定的?

答:(1)钢轨内侧限度≥60 mm。(2)钢轨外侧限度≥80 mm。(3)钢轨上部垂下品限度≥25 mm。

13. 铁路货车车钩相关限度是如何规定的?

答:(1)两连接车钩中心水平线高度之差限度为 75 mm。(2)车钩中心高度限度:最高≤890 mm,空车最低≥835 mm,重车最低≥815 mm。(3)钩提杆链松余量限度为 40～55 mm。

14. TVDS② 怎样进行动态检查作业?(客车)

答:TVDS 动态检查作业是利用 TVDS 拍摄图像对客车底技术状态实施检查作业。

15. TFDS 动态检查时间是如何规定的?

答:TFDS 动态检查时间原则上按 10 min(50 辆列)的标准掌握。

①TFDS,货车故障轨旁图像检测系统。

②TVDS,客车故障轨旁图像检测系统。

16. 铁路货车侧梁下垂、敞车车体外胀及车体倾斜运用限度是如何规定的?

答:(1)侧梁下垂限度(在两枕梁之间测量):空车≤40 mm,重车≤80 mm。(2)敞车车体外胀限度:空车≤80 mm,重车≤150 mm。(3)车体倾斜限度为≤75 mm。

17. 中途区间抱闸的车辆处理故障时应做好哪些安全预防工作?

答:(1)处理前一定要加强联系、插设好安全防护信号,必要时要设专人防护。(2)处理抱闸车前一定要找准原因再进行处理,绝不准冒险蛮干。(3)拆卸配件、圆销过程中要随时注意安全,防止圆销脱出、制动配件崩开伤人。(4)不论在任何情况下都不准用手去对圆销孔。(5)不论处理哪一种抱闸,均必须在处理完毕后进行一次制动机试验。

18. 动态检查作业顺序安排是如何规定的?

答:动态检查作业应按照"直通优先、先开优先"的原则安排检查顺序,每辆列车的动态检查作业须由 1 个动态检车组完成。

19. TFDS 作业平台具备的功能有哪些?

答:网络通道带宽、传输距离及设备软硬件须满足动态检查需要,探测图片存储不少于 1 个月;TFDS 作业平台须具备交接班,设备监控,智能分组、分车、分辆,探测图片显示,故障智能跟踪,丢图、窜图、曝光等质量不良图片标识,数据分析等功能;与列检复示终端实现故障预报、反馈、跟踪、确认的闭环管理。

20. "通过作业 TFDS 动态检查范围和质量标准"范围内故障的处理原则有哪些?

答:动态检查作业发现"通过作业 TFDS 动态检查范围和质量标准"范围内的故障和其他危及行车安全的故障,按照"先报告后提交"的原则,向铁路局集团公司红外线调度员进行预报拦停,办理拦停手续。

21. 实际使用中造成车体倾斜的原因有哪些? 如何测量?

答:(1)造成车体倾斜的原因主要有:车体结构松弛或变形、摇枕弹簧弹性衰减、挠度不足及装载偏重等。(2)测量车体倾斜时,将车辆推放到平直线路上,可用两个吊线锤,一个放到倾斜侧墙板的上缘,另一个放到倾斜侧梁的下缘,待吊锤垂直时,测得两线间的水平距离,即为该车倾斜的尺寸。

22. 在列检作业场现场作业时首部检车员如何确认车钩是否处于闭锁位?

答:首部负号现场检车员须确认机后一位车辆前端的车钩处于闭锁位。此时上作用车钩的上锁销落下复位,车钩下部锁铁下端露出;下作用车钩下锁销杆上的显示孔露出。首部负号检车员还须在确认机后一位车辆前端车钩处于闭锁位后,插设防跳插销。

23. TVDS 作业范围包括哪些?(客车)

答:普速旅客列车客车底,特快旅客列车客车底,回送图定客车底,无动力回送普速客车底,因故折返旅客列车客车底。

24. TFDS 动态检查作业时,检查辆数应遵循的原则有哪些?

答:TFDS 动态检查原则上每人每列不超过 10 辆。实行人机分工检查方式的到达列车,原则上人工检查每人每列单侧不超过 30 辆;实行人工检查方式的到达列车,原则上每人每列单侧不超过 20 辆;中转列车,原则上每人每列单侧不超过 20 辆;始发列车,原则上每人每列单侧不超过 15 辆。

25. 使用第四种检查器如何测量踏面剥离长度?(客车)

答:(1)用主尺在剥离处的两端,宽度不足 10 mm 处各画一根与车轴中心线平行的线。(2)用检查器的轮辋厚度刻度尺的外刻线,沿圆周方向测量两线的距离,即为踏面剥离长度。(3)剥离长度要求:一处不大于 30 mm,两处每处不大于 20 mm,连续剥离总长度不超过 350 mm。

26. 在列检作业场不摘车施修的铁路货车,如何更换制动软管胶圈?

答:(1)用检查锤尖端撬出故障制动软管胶圈。(2)安装良好制动软管胶圈(胶圈凹槽须卡入软管连接器的凸槽内)。(3)质量检查(制动软管胶圈不得反装)。

27. 在现场作业时如何更换铁路货车闸瓦?

答:更换闸瓦时,须使用有生产资质厂家的良好闸瓦,且闸瓦型号及生产厂家代码标记清晰,禁止高、低摩合成闸瓦互换安装使用。闸瓦插销穿入闸瓦与瓦背的插销孔内正位入底,闸瓦插销下部环孔露出,并须安装闸瓦插销环。

28. 在列检作业场不摘车施修的铁路货车,对阀类和储风缸故障进行修理时有何要求?

答:各阀和风缸吊架安装螺栓应由上向下装入(无安装空间者除外),在长圆孔侧加平垫圈,制动阀防盗罩螺栓须紧固。各螺栓组装紧固后,螺杆须露出螺母 1 扣以上,但不大于 1 个螺母厚度(U 形管吊卡和储风缸吊卡除外)。使用 4 个螺栓连接紧固的配件,须对角进行紧固;处理螺母丢失的故障时,填补基本母紧固后须加装背母(防松螺母及有弹簧垫圈者除外)。

29. 在列检作业场不摘车施修的铁路货车,对主管端接管故障进行修理时有何要求?

答:处理制动故障时,管系螺纹处须使用聚四氟乙烯薄膜缠绕或涂抹黑铅粉油,缠绕不得超过螺纹端部,连接处紧固后须外露 1 扣以上的完整螺纹,旋入部分不得少于 4 扣;主管端接管(辅助管)长度为 250～400 mm;分解管系时,橡胶密封件须更换新品,橡胶密封圈须使用 E 形密封圈。

30. 客列检职责是什么?（客车）

答:客列检是确保旅客列车安全运行的重要部门,承担始发、通过、终到旅客列车技术作业,以及对站折、通过旅客列车进行重点技术检查,排除危及行车安全的故障等工作。

31. 在列检作业场现场作业时如何测量车轮踏面剥离?

答:测量车轮踏面剥离长度时,沿车轮圆周方向测量其最长处的尺寸即为踏面剥离长度。列检测量时规定如下:(1)两边宽度不足 10 mm 的剥离尖端部分不计算在内。(2)长条状剥离其最宽处不足 20 mm 的亦不计算在内。(3)两块剥离边缘相距小于 75 mm 时,每处长不得超过35 mm;多处小于 35 mm 的剥离,其连续剥离总长度不得超过 350 mm。(4)剥离前期未脱落部分可不计算在内。

32. LLJ-4D 型第四种检查器在现场作业时能测量哪些项目?

答:测量车轮踏面圆周磨耗深度、轮缘厚度、轮缘高度、垂直磨耗、轮辋厚度、轮辋宽度、踏面擦伤深度、踏面擦伤长度、踏面剥离深度、踏面剥离长度、车轮碾宽等。

33. 在列检作业场检查发现球形心盘长大货物车旁承间隙为零时如何处理?

答:在列检作业场对球形心盘结构的长大货物车技术作业时,当间隙旁承的一侧间隙为零时,应利用液压顶镐将旁承间隙为零的一侧顶起后落下液压顶镐,检查旁承间隙情况,对仍无间隙的长大货物车需按有关规定进行处理,对有间隙的长大货物车则允许继续运行。

34. 交叉支撑装置由哪些配件组成?

答:交叉支撑装置由上、下交叉杆,夹板及螺母,轴向橡胶垫,防松板,双耳垫圈,端轴螺栓,还有安全链或安全索等组成。

35. 在现场作业中互钩差超过规定时应急处理的方法有哪些?

答:列车中互钩差超过规定应急处理时,可采用在钩身下部加垫、在心盘间加垫或更换枕簧的方法来提高车钩高度较低车辆的钩高;另外也可采用撤除较高车辆车钩下磨耗板的方法来降低车钩高度。

36. 在列检作业场列车队中如何更换制动软管?

答:插设安全防护信号,关闭本车折角塞门及相邻车折角塞门,摘开制动软管,用管钳卸下旧制动软管,检查新制动软管检修标记、软管连接器及橡胶密封圈,螺纹部缠生料带,安装新制动软管,连结制动软管。作业完毕,开通本车及相邻车折角塞门,撤除安全防护信号。

37. 在列检作业场列车队中如何更换折角塞门?

答:插设安全防护信号,关闭本车折角塞门以及相邻车折角塞门,摘开制动软管,用管钳卸下旧制动软管，卸下旧折角塞门，安装新折角塞门，安装新制动软管，螺纹部缠生料带。作业完毕，开通本车折角塞门及相邻车折角塞门，撤除安全防护信号。

38. 实施辅(A1)修作业后的客车检修标记如何涂打？(客车)

答:施行辅修后的客车用漏模在车辆二、三位端墙定检标记处涂打 A1 修标记。检修标记使用的油漆应符合要求，涂打准确，清晰端正。涂打内容为 A1 修年、月、日；字体是 40 号宋体，字周边留空 30 mm。

39. 列检值班员接到 TADS① 动态检车员预报的轴承故障时如何进行操作？

答:列检值班员接到 TADS 动态检车员预报的轴承故障时，及时记录在货车安全防范系统车辆预报及反馈信息确认情况记录簿内。同时，通知现场检车员对故障轴承进行检查确认后，列检值班员将故障情况反馈到 TADS 动态检车员。

40. 在列检作业场制动机试验完毕后如何摘除无线风压监测仪？

答:(1)尾部正号检车员按“关”键，关闭无线风压监测仪的电源开关。(2)尾部正号检车员关闭列车尾部车辆后端的折角塞门。折角塞门手把中心线与辅助管中心线呈 90°夹角(或折角塞门开通线与辅助管中心线呈 90°夹角)。(3)尾部正号检车员摘下无线风压监测仪。

41. 简述 TFDS 动态检车员各工位检查流程。

答:转向架底部(制动梁)工位必须严格按照“Z”“8”字，转向架侧架工位必须严格按照“凹”字，钩缓工位必须严格按照“e”“V”字，车底部(中间部)必须严格按照“三”字视线流程进行检查。

42. 列检值班员作业中遇有扣车情况时如何进行操作？

答:作业中遇有扣车情况时，收集车种车型车号、定检标记、故障名称、检车员姓名等内容，并填写车辆检修通知单(车统—23)交车站签字办理扣车手续；需要回送的同时填写检修车回送单(车统—26)。

43. 什么是铁路货车安全防范系统使用率？

答:使用率＝系统探测列数/通过列数×100％。通过列数包括报中国国家铁路集团有限公司(以下简称国铁集团)备案的计划检修和工务施工影响期间通过本探测站的所有列车数量。本指标评价防范：TFDS、TPDS②、TADS、THDS③。

---

①TADS：车辆滚动轴承故障轨旁声学诊断系统。

②TPDS：车辆运行品质轨旁动态监测系统。

③THDS：车辆轴温智能探测系统。

44. 什么是铁路货车安全防范系统兑现率?

答:兑现率=处理故障辆(件)数/预报故障辆(件)数×100%。预报故障辆(件)数不包括直通车等未检查确认的数值;处理故障辆(件)数,TPDS 指被换轮辆数,TADS、THDS 指轴承分解后存在故障辆数,TFDS 指进行故障处理件数。本指标评价范围:TFDS、TPDS、TADS、THDS。

45. 什么是铁路货车安全防范系统开机率?

答:开机率=(系统工作开机时间之和-系统故障停机时间之和)/系统工作开机时间之和×100%。系统故障停机时间之和,不包括报国铁集团备案的计划检修时间和工务施工影响时间。本指标评价范围:TFDS、TPDS、TADS、THDS。

46. 什么是铁路货车安全防范系统准确率?

答:准确率=确认有故障辆(件)数/预报故障辆(件)数×100%。预报故障辆(件)数是指本列检作业场对不停车技术检查列车进行动态检查后,向前方有停车技术检查预报的故障辆(件)数;确认有故障辆(件)数是指前方有停车技术检查列检作业场确认有故障辆(件)数。本指标评价范围:TFDS。

47. 什么是铁路货车安全防范系统发现率?

答:发现率=预报后经确认有故障辆(件)数/人工检查发现的同类故障辆(件)数×100%。人工检查发现的同类故障辆(件)数,不包括 TFDS 不可视部位。本指标评价范围:TFDS。

48. 在列检作业场对装有闸瓦间隙自动调整器的运用车辆如何更换闸瓦?

答:车辆在更换闸瓦时,如果闸瓦与车轮之间的间隙不足,可用手转动闸瓦间隙自动调整器的外体,使螺杆伸长。一般在更换一块闸瓦时,可不用人工调整闸瓦间隙自动调整器。当更换两块闸瓦时,转动不大于两圈,更换三块闸瓦时不大于四圈,以此类推。如果转动太多,闸瓦更换完毕后,须恢复闸调器。更换闸瓦时不得改动各拉杆和杠杆的销孔位置,同时不得调动 $A_{推}$ 值或 $A_{杠}$ 值。

49. 列检人员对机械冷藏车组的检查是如何进行的?

答:(1)车轮轮缘垂直磨耗、内侧缺损不超限,踏面擦伤、剥离、凹下、缺损、圆周磨耗不超限,轮缘厚度、轮辋厚度符合规定。(2)闸瓦及闸瓦插销无折断、丢失,闸瓦磨耗不超限,闸瓦插销正位。(3)空气制动机作用良好,制动缸活塞行程符合规定。(4)车钩连结状态良好。

50. 在列检作业场列车队中如何更换横跨梁螺栓螺母?

答:(1)装入螺栓,使螺栓处于完全装入状态,开口销孔清晰可见。(2)装配套垫圈装入螺母,螺母上留有 3～5 mm 间隙,开口销孔应对正。(3)装入开口销,开口销须双向劈开,角度不小于 60°。(4)测量垂直移动量(3～5 mm),钢板尺要接触到位。落成检查符合规定。

51. 客列检站折旅客列车技术检查作业范围如何规定?(客车)

答:(1)负责处理 TVDS、THDS 和车辆乘务员预报的故障。(2)按库列检折返检修作业范围进行技术检查,并按规定进行制动机试验,承担库列检折返检修责任。旅客列车停靠高站台时,可不对转向架和悬吊件等被站台遮挡部位进行检查,但须采用 TVDS 动态检查进行补充作业;对确因车辆结构限制(如双层客车)无法实施跨轨作业的,也须采用 TVDS 动态检查进行补充作业。

52. 简述通过作业 TFDS 动态检车员对轮对轴箱装置的检查范围及质量标准。

答:滚动轴承轴箱无破损;轴承前盖、轴端螺栓无丢失;承载鞍无错位。

53. 简述通过作业 TFDS 动态检车员对车钩缓冲装置的检查范围及质量标准。

答:钩尾框无折断;钩提杆无脱落;钩尾销插托无错位,螺母无丢失;钩尾销安全吊螺栓、螺母无丢失;车钩托梁无折断;安全托板、钩尾框托板、钩尾销托梁无脱落。

54. 简述通过作业 TFDS 动态检车员对基础制动装置及人力制动机的检查范围及质量标准。

答:(1)制动梁、上拉杆、下拉杆无折断、脱落;制动梁支柱圆销、开口销、拉铆销套环无丢失;下拉杆圆销、开口销无丢失。(2)人力制动机轴链、折叠式人力制动机轴无脱落。

55. 简述通过作业 TFDS 动态检车员对空气制动装置的检查范围及质量标准。

答:(1)折角塞门、直端塞门手把无关闭(列尾端未挂列尾装置的除外)。(2)制动缸、副风缸、加速缓解风缸、容积风缸、降压风缸、缓解阀拉杆、脱轨自动制动装置拉环无脱落。

56. 简述通过作业 TFDS 动态检车员对车体的检查范围及质量标准。

答:车门、端板、渡板无脱落;重车地板、浴盆板破损故障不影响行车安全。

57. 简述通过作业 TFDS 动态检车员对摇枕、侧架、一体式构架等检查范围及质量标准。

答:摇枕、侧架、一体式构架、副构架无折断;心盘无脱出;交叉支撑装置盖板及交叉杆体无折断,交叉杆端部螺栓无丢失;轴箱、摇枕弹簧无丢失。

58. 简述列检作业场更换钩提杆复位弹簧的作业流程。

答:(1)取下故障复位弹簧(一端折断的可用老虎钳剪断另一端)。(2)安装良好复位弹簧(复位弹簧两端须用老虎钳圈紧)。(3)质量检查(复位弹簧两端转动灵活,不得卡死,作用良好)。

59. 客列检对旅客列车轴温发生高温故障如何处理?(客车)

答:(1)对于通过列车接到红外线轴温预报信息时,应使用便携式轴温检查仪测量确认,轴温达到 90 ℃或超过外温加 60 ℃时摘车处理,超过 45 ℃时,通知车辆乘务员重点监控。(2)对于站折列车超过 45 ℃时进行开盖检查,无法保证安全时摘车处理。

60. 发生热轴时,列检作业场应对轴承做哪些调查?

答:滚动轴承车轴发生热轴时,应先检查车辆状态,有无甩油现象,螺栓是否松动。然后开盖检查油脂状态,看是否变质、缺油,油脂内有无杂物,调查密封挡和轴承形式及其技术状态,看其有无裂纹,保持架是否完整,轴承与轴箱组装状态是否良好,轴承游间是否过小,轴箱导框与导槽的间隙是否适当等。

61. 发生事故时怎样进行事故救援?

答:事故救援的目的在于迅速开通线路,恢复行车,尤其在铁路干线和正线运输繁忙的区段必须以最快的速度、最短的时间,把事故机车车辆以及破损线路快速抢修好并清理好,为恢复行车创造条件。事故现场的救援指挥人员应利用事故现场的地形、地物、设备等条件,组织多种方法平行作业,争分夺秒恢复通车。救援普遍采用的方法分别如下:(1)变线开通法。(2)拉翻法:①机车拉翻法;②拖拉机拉翻法;③人力拉翻法。(3)移车法。

62. 简述调整车钩高度的计算方法。

答:(1)用计算方法来调整车钩高度前必须确认以下几点:①现车的两端车钩高度。②需要调整达到的两端车钩高度,即计划钩高。③该车车钩与心盘及两心盘间的距离比。(2)计算程序可分两步:①先将两端车钩调平。②调至要求高度。当一端符合要求,只需要调整另一端时,车钩需要调整的高度就可以得出。计算时,可利用相似三角形判定定理来进行。

63. 简述铁路货车运行安全监控系统的功能。

答:铁路货车运行安全监控系统须自动判别列车运行方向、车次、车种车型车号,自动测速、计轴、计辆;具备系统自检、运行状态监测、远程维护及数据查询分析、统计报表自动生成等功能;具备数据传输功能,预留各系统间、与其他系统间信息交互接口;各级终端须统一规范用户界面、功能及操作流程,具备自动校对时间功能。

64. 在现场列车队中如何更换转 K6 型转向架一侧闸瓦?

答:插设安全防护信号,关闭截断塞门,排净副风缸余风,松闸调器,取下闸瓦插销环,拔出闸瓦插销,使用撬棍(或专用工具)撬开闸瓦,卸下旧闸瓦,装上新闸瓦,插设闸瓦插销并正位,然后装设闸瓦插销环,防止闸瓦插销窜皮。依次更换第二块、第三块、第四块闸瓦。作业完毕,转动闸调器,恢复缓解阀正位,开通截断塞门,撤除安全防护信号。

65. 在列检作业场现场作业时如何使用 16、17 型车钩检测量规测量下作用钩提杆与座凹槽的间隙?

答:(1)按规定插设安全防护信号,在沿途车站调查处理车辆故障使用时,将红旗(或红灯)插挂在车端部;要求红旗无破损、污迹,旗面展开;红灯明亮。(2)用 3 mm 尺寸塞尺能插入下作用车钩钩提杆与座凹槽之间为辅修间隙超限。(3)测量完毕后撤除安全防护信号。要求轻拿轻放、不磕碰检测量规;擦拭完后,按规定恢复原状并放置在规定位置。

66. 试述在列检作业场更换车钩防跳插销的作业流程。

答:(1)取下故障防跳插销。(2)安装良好防跳插销。防跳插销链须使用直径不少于2 mm的铁丝捆绑固定在钩头下方的安装孔内,捆绑不少于2圈,扭转紧固不少于3圈。(3)安插防跳插销。防跳插销须插在第一U形部。(4)质量检查。检查防跳插销捆绑牢固,间隙不超限。

67. 动态检车员漏检责任是如何规定的?

答:动态检车员未按规定的检查范围及质量标准对图像进行检查,造成铁路货车故障未被及时发现,动态检车员应承担漏检责任;发现铁路货车故障后,未在铁路货车安全防范系统中提交确认或提交确认不及时、不完整、不准确的,也应承担漏检责任。

68. TFDS 工作量动态考核系统考核指标“三率”是什么?如何计算?

答:考核指标的“三率”是漏检率、误报率、漏修率。计算如下:漏检率=漏检故障辆数总和/局交界口 TFDS 通过辆数总和×100%。误报率=误报辆数总和/TFDS 通过辆数总和×100%。漏修率=漏修辆数总和/发出辆数总和×100%。

69. 常用制动梁的种类有哪些?如何区分?

答:常用制动梁的种类有槽钢弓形杆制动梁、槽钢弓形杆防脱制动梁、L-A型、L-B型、L-C型制动梁、转K3型制动梁和2TN型制动梁7种。L-A型、L-B型、L-C型三种制动梁区分:L-A型、L-B型制动梁的梁体是异型梁体;L-C型制动梁梁体为钢管;L-A型、L-B型制动梁区分看梁体与弓形杆间有无筋板,有筋板的是L-A型制动梁,无筋板的是L-B型制动梁。

70. TFDS 动态检车员发现故障后提交故障的标准是什么?

答:TFDS 动态检车员在检查作业时,应将疑似故障局部放大,确认后用红色线条的方框标出故障部位,按规定选录正确的故障名称,自动将故障图片和列车车次、过车开始时刻(年、月、日、时、分、秒)、车速、编挂位置、车种车型车号、故障名称、故障提交人、组别、故障发现时刻等信息提交到动态检车组长作业终端,动态检车组长对提交的故障进行复核。对符合拦停范围的故障,本着“先报告后提交”的原则办理。TFDS 动态检车员应将丢图、窜图、曝光等信息及时提交给动态检车组长作业终端,动态检车组长应对提交的故障信息按规定办理。

71. 转 K6 型转向架的特点是什么?

答:转K6型转向架主要结构特点有:(1)转K6型转向架系铸钢三大件式转向架。一系悬挂采用轴箱弹性剪切垫;二系悬挂采用带变摩擦减振装置的中央弹簧悬挂系统,摇枕弹簧为二级刚度。(2)两侧架之间加装侧架弹性下交叉支撑装。(3)采用直径为 375 mm 的下心盘,下心盘内设有含油尼龙心盘磨耗盘。(4)采用 JC 型双作用常接触弹性旁承。(5)装用 25 t 轴重双列圆锥滚子轴承,采用轻型新结构 HEZB 型铸钢车轮或 HESA 型辗钢车轮。(6)基础制动装置为中拉杆式单侧闸瓦制动装置,采用 L-A 型或 L-B 型组合式制动梁及新型高摩合成闸瓦。

72. 17 型车钩缓冲装置由哪些主要配件组成?

答:由 17 型车钩、17 型钩尾框、17 型前从板、17 型钩尾销、MT-2 型缓冲器、钩尾销托板、17 型钩托板、缓冲器托板以及提钩杆复位弹簧、一体式冲击座等构成。

73. 计算机病毒的危害有哪些?

答:(1)破坏系统自行复制,占据系统空间。(2)直接破坏系统软件。(3)破坏系统数据。(4)病毒件的互相传染。

74. 防止计算机病毒传播的措施有哪些?

答:(1)公用软件编写严格检查。(2)采用专机专盘、专用的原则。(3)系统盘、软件安装升级有专人管理。(4)重要数据和资源要做备份。(5)有可靠的数据恢复工具。(6)严禁在专用机器上安装无用软件。(7)严禁在专用机器上安装游戏。(8)定期对机器进行病毒库升级,并进行杀毒。

75. TFDS 探测站设备分为几部分?分别由哪些设备构成?

答:TFDS 探测站设备分为室外设备与室内设备两部分。室外设备主要由沉箱、侧箱、车轮传感器和天线等构成;室内设备主要由车辆信息采集设备、图像信息采集设备、车号信息采集设备、控制设备、电源及信号防雷设备、网络传输设备等构成。

76. TFDS 软件系统由哪些组成?

答:接车程序、窗口程序、添加新车型程序、服务器操作系统、数据库程序、报文系统(为后台运行程序)。

77. 铁路货车运行安全监控系统须满足哪些条件?

答:铁路货车运行安全监控系统须满足在不同的地理位置、气候条件下不间断运行的要求,采用双路电源供电并具有自动转换功能,配备不间断电源(UPS)、防雷装置,具备抗干扰能力;服务器、数据存储设备、监控(复示)终端和网络通道须有可靠的备份机制,实行一主一备或双机热备。

78. 铁路货车运行安全监控系统的设置原则有哪些?

答:铁路货车运行安全监控系统轨旁设备的安装位置须避开曲线、长大下坡道、桥涵和调速区段,确保探测准确性。设置的基本原则如下:(1)THDS探测站沿铁路线路平均距离30 km设置,特殊情况不超过35 km。列检作业场所在车站进站信号机外均须安装,且须具备内、外探功能。(2)TFDS探测站根据动态检查作业的需要设置,布点平均距离为300 km,距列检作业场不小于10 km。(3)TPDS、TWDS[①]探测站在进入列检作业场的前方铁路线路设置,布点平均距离为400 km。(4)TADS探测站在进入列检作业场的前方铁路线路设置,布点平均距离为500 km。

79. 转K2型转向架的特点是什么?

答:转K2型转向架属于带变摩擦减振装置的新型铸钢三大件式货车转向架,最高运行速度为120 km/h,特点如下:(1)采用侧架下弹性交叉支撑装置,使2个侧架在水平面内实现弹性交叉连接。(2)中央悬挂系统采用两级刚度悬挂设计。(3)采用双作用常接触滚子旁承结构。(4)采用针状铸铁斜楔等耐磨材料,提高了减振装置使用寿命。(5)加设心盘磨耗盘。(6)主要摩擦副均采用耐磨件。

80. 车辆部门在对列车进行作业时如何防止关闭折角塞门的列车发出?

答:防止关闭折角塞门的列车发出,除应加强综合治理外,必须严把以下防范措施:(1)列检必须严格执行作业标准,认真做好列车自动制动机的试验工作,并坚持送车制度。(2)制动机简略试验时,列车尾部检车员须在最后一辆有自动制动作用的制动缸活塞筒上涂打规定标记。(3)列车的折角塞门都应使用铁丝捆绑。(4)列车进行全部或简略试验后,当不能立即发车时,必须施行保压制动,待具备发车条件时再缓解。(5)列车停车超过20 min时,严把简略试验关。

81. 简述人机分工TFDS动态检车员对轮对轴箱装置的检查范围及质量标准。

答:(1)车轮踏面、轮辋无缺损。(2)滚动轴承无甩油,外圈、轴箱无破损,前盖、轴端螺栓无丢失。(3)承载鞍无错位、挡边无折断。(4)轴箱橡胶垫中间橡胶与上、下层板无错位。(5)轴箱橡胶弹簧、轴箱纵向弹性垫无错位。(6)轴承挡键无丢失,螺母无松动、丢失。

82. 简述人机分工TFDS动态检车员对基础制动装置及制动缸前后杠杆的检查范围及质量标准。

答:制动梁梁体、支柱无折断,支柱夹扣螺母无丢失,闸瓦托下铆钉无丢失,制动梁、制动梁安全链无脱落;闸瓦无折断、丢失,磨耗不超限,闸瓦插销安装位置正确,闸瓦插销环无丢失;基础制动装置的各拉杆、杠杆、圆销及开口销无折断、丢失,固定杠杆支点座、固定杠杆支点、固定

---

①TWDS:轮对尺寸动态检测系统。

杠杆支点链蹄环、制动缸后杠杆支点及圆销、开口销无折断、丢失，拉铆销套无丢失，拉杆、杠杆吊架无折断、脱落，制动缸后杠杆支点组装螺母无丢失；固定杠杆支点座拉铆钉无丢失；下拉杆安全吊或索无脱落、丢失。

83. 简述人机分工 TFDS 动态检车员对人力制动机的检查范围及质量标准。

答：人力制动机拉杆、拉杆链、轴链无折断、脱落、吊架无脱落，导向杆无卡滞，拉铆销套无丢失，附加杠杆、拉杆及圆销、开口销无丢失，轴链拉杆与车轴无接触，折叠式人力制动机轴无脱落；集成制动装置人力制动杠杆及销轴无丢失。

84. 简述人机分工 TFDS 动态检车员对车钩缓冲装置的检查范围及质量标准。

答：钩体、牵引杆、钩尾框无折断；钩舌销无折断、丢失，钩舌销开口销无丢失；钩锁锁腿无折断，下锁销组成配件无丢失、脱落；钩提杆及复位弹簧无折断、丢失；从板无折断、丢失，从板座、缓冲器无破损；安全托板、钩尾框托板、钩尾销托梁螺母、开口销无丢失；钩尾销插托无错位，螺母无松动、丢失；钩尾销及安全吊螺母无松动、丢失，13 号、13A 型钩尾框安全吊螺栓开口销无丢失，13B 型钩尾框钩尾销螺栓开口销无丢失；车钩托梁无折断，螺栓、螺母无丢失；钩体支撑座、钩尾框托板、钩尾销托梁、从板、缓冲器箱体含油尼龙磨耗板无窜出；钩体支撑座止挡铁及螺母或铆钉无丢失；车钩防跳插销及吊链无丢失，车钩防跳插销插设良好(到达作业故障时现场可不处理)。

85. 简述人机分工 TFDS 动态检车员对摇枕、侧架、一体式构架、副构架的检查范围及质量标准。

答：摇枕、侧架、一体式构架、副构架无折断；下心盘螺栓无折断，螺母及开口销无丢失；心盘无脱出；交叉支撑装置盖板及交叉杆体无折断、明显变形，扣板螺栓、铆钉无丢失，安全索无丢失，交叉杆端部螺栓无丢失；轴箱、摇枕弹簧无折断、窜出、丢失；转向架弹簧托板、折头螺栓无折断，螺母及开口销无丢失；横跨梁无折断，螺母及开口销无丢失。

86. 简述人机分工 TFDS 动态检车员对车体部分的检查范围及质量标准。

答：横梁无折断；铁路货车车号自动识别标签无丢失；防火板无脱落、丢失；端板或渡板无脱落、丢失；地板、浴盆板无破损，罐车下卸式排油管、加热管及盖无脱落。TFDS 具备车体检查功能时还应检查车门滑动轨道无折断，车门滑轮无脱出轨道；车门及车窗无脱落、丢失；车门折页及座无折断，圆销无丢失；车门锁闭装置配件无破损、丢失；墙板、门板无破损；罐车卡带无折断；脚蹬、车梯扶手及车端护栏无折断、丢失。

87. 简述人机分工 TFDS 动态检车员对空气制动装置的检查范围及质量标准。

答：制动缸、副风缸、加速缓解风缸、容积风缸、降压风缸无脱落、丢失，吊架无脱落；制动阀防盗罩无脱落；制动主管、支管、连接管无折断，卡子及螺母、法兰螺母无丢失；空重车自动调整装置限压阀、调整阀无丢失，横跨梁无折断，螺母及开口销无丢失；制动软管、远心集尘器及组合式集尘器、缓解阀无丢失，制动软管连结状态良好，制动软管吊链无丢失、挂钩与制动软管无脱出，制动软管堵及吊链无丢失；缓解阀拉杆、空重车调整杆无折断、脱落、丢失；缓解阀拉杆开口销无折断、丢失，吊架无脱落；折角塞门、直端塞门手把无关闭(列尾端未挂列尾装置的除外)，截断塞门手把无关闭，折角塞门、直端塞门手把及卡子无丢失；闸调器无破损，闸调器螺杆连接螺母防松垫圈及开口销无丢失；脱轨自动制动装置拉环无脱落，拉环无丢失，塞门手把无关闭(中转作业故障时现场可不处理)；集成制动装置闸调器控制杆螺母及锁紧螺母无丢失，制动缸连接软管无脱落，制动缸安装拉铆销套环无丢失。

88. 调查事故报告需要记载哪些实际情况?

答:(1)事故发生的时间、地点、区间(线名、里程)、线路条件、事故相关单位和人员。(2)发生事故的列车种类、车次、机车型号、部位、牵引辆数、吨数、计长及运行速度。(3)旅客人数、伤亡人数、性别、年龄以及救助情况，是否涉及境外人员伤亡。(4)货物品名、装载情况，易燃、易爆等危险货物情况。(5)机车车辆脱轨辆数、线路设备损坏程度等情况。(6)对铁路行车的影响情况。(7)事故原因的初步判断，事故发生后采取的措施及事故控制情况。(8)应当立即报告的其他情况。

89. 在列检作业场现场作业时从哪些方面可以调整车钩高度?

答:车辆经运用后，有些零部件发生了磨耗与变形，将引起车钩高度不同程度的降低，在调整车钩高度时，可从以下几个方面入手:(1)对于车轮踏面磨耗严重者，可更换大直径车轮。(2)下心盘磨耗严重及其垫板变形过薄时，可更换上下心盘或加心盘垫板。(3)如弹簧高度不够，可更换弹簧或加弹簧垫板。(4)钩身或钩托板磨耗、下垂时，可加垫板。(5)车钩上翘、下垂、变形严重时，可加修车钩，使其恢复原样或更换车钩。(6)在轴箱上部加轴箱垫板。

90. 发生铁路事故后，应如何进行事故情况的报告?

答:(1)事故发生的时间、地点、区间、事故相关单位和人员。(2)发生事故的列车种类、车次、部位、计长、机车型号、牵引辆数、吨数。(3)承运旅客人数或者货物品名、装载情况。(4)人员伤亡情况，机车车辆、线路设施、道路车辆的损坏情况，对铁路行车的影响情况。(5)事故原因的初步判断。(6)事故发生后采取的措施及事故控制情况。(7)具体救援请求。(8)事故报告后出现新情况的，应当及时补报。

91. 车辆脱轨时对现场哪些情况需要进行记载?

答:(1)车轮脱轨点处轮缘与钢轨的情况，区分车轮状态分为三种:爬上钢轨、跳上钢轨或垫上钢轨。(2)脱轨点至停车的距离及轮对走行的轨迹。(3)道床、轨枕、钢轨、辙叉、岔尖及护轮轨的技术状态。(4)脱轨轮对内侧距离。(5)轮缘厚度、圆周磨耗深度及垂直磨耗状态。(6)制动配件有无脱落。(7)脱轨时机车操纵牵引情况。(8)脱轨处的线路曲线半径及顺坡率。(9)车辆装载货物情况。(10)心盘及旁承的技术状态。

92. 车载安全监控系统列车网络故障现象及故障情况有哪些？（客车）

答：列车网络出现故障的现象为：从列车级显示器上看不到任何车厢或看到的车厢数目比实际的要少。出现此故障时，首先检查主机工作是否正常，如果主机工作正常，说明网络有故障，可能的问题如下：(1)列车级主机箱内网卡 LG1、LG2 有故障，可关断主机电源后更换 LG1、LG2 卡。(2)列车网终端电阻未接入。(3)列车网网线有断点或车厢间网络线连接电缆未连挂。(4)车厢级网关 WG 卡故障，可关断电源后更换 WG 卡。

93. 列车运行中发生车钩自动开锁时应如何处理？

答：如列车在运行中发生车钩自动开锁时，应先关闭相邻两车折角塞门停止列车排风，然后再与司机或有关人员联系，插好安全防护信号，检查车钩开锁原因。同时检查两条风管是否拉坏，经检查若是由于钩提链过短造成的自动开锁时，可将提钩杆和链的圆销及开口销卸下，重新安装应符合技术要求。若属于其他原因造成的自动开锁，可用铁丝将钩锁销和钩头捆绑牢固，下作用车钩用木楔顶住钩头钩锁铁孔边缘处及钩锁销下部，并用铁丝捆绑牢固，达到不能提钩的作用。然后重新连结车钩，做“三态”试验。待良好后，接好新风管开通折角塞门。

94. 预报的热轴车辆如何进行处理？

答：(1)列车调度员接到热轴预报后，必须按照热轴预报等级的要求及时准确拦停列车，安排甩车处理。(2)运行列车本务机车乘务员接到热轴停车命令后，应采用常用制动停车。(3)列车停车后，有列检所(包括轴温处理站，货车列检所、轴温处理站只负责货车热轴)的由列检所处理。没有列检所的由车辆乘务员确认，没有车辆乘务员的由机车司机协助确认能否继续安全运行。(4)车辆段调度接到分局车辆调度的热轴甩车通知后，必须及时通知、安排区间处理摘甩热轴故障车辆。

95. 发现滚动轴承出现哪些情况时需更换轮对？

答：发现有下列情况之一时，须更换轮对：(1)轴承外圈、前盖、后挡有裂损或破损，轴承前盖丢失。(2)密封罩脱出，轴端螺栓折损，丢失。(3)滚动轴承发生热轴，受到水浸、火灾。(4)滚动轴承车辆重车脱轨须更换全车轮对，并全车轴承报废。(5)滚动轴承车辆空车脱轨须更换同一转向架的轮对。(6)前盖螺栓全部松动时须更换轮对。

96. 什么是动态检查作业方式和人工检查作业方式？负责检查的范围有哪些？

答：动态检查作业方式是动态检车员利用铁路货车安全防范系统进行的列车不停车技术检查，负责范围是铁路货车安全防范系统检查、检测铁路货车配件时的可探测、可视部位；人工检查作业方式是现场检车员在作业线路上进行的列车停车技术检查，负责范围是现场检车员按规定的检查范围、质量标准、作业过程和位置检查铁路货车配件的可视部位。

97. 在列检作业场现场作业时如何使用 LLJ-4D 型第四种检查器测量踏面擦伤深度?

答:(1)按规定插设安全防护信号,在沿途车站调查处理车辆故障使用时,将红旗(或红灯)插挂在车端部。要求红旗无破损、污迹,旗面展开;红灯明亮。(2)将定位角铁与车轮内侧面密贴,并使轮辋宽度测头与车轮踏面接触。(3)推动轮辋宽度测尺尺框,使其测头落入擦伤最深处,测量此处轮缘高度值记作 h_1。(4)测量同一圆周未擦伤处,轮缘高度值记作 h_2,擦伤深度为 h_1-h_2 的差值。(5)测量完毕后撤除安全防护信号。要求轻拿轻放、不磕碰检查器;擦拭完后,按规定恢复原状并放置在规定位置。

98. 在列检作业场现场作业时如何使用 LLJ-4D 型第四种检查器测量车轮轮辋宽度?

答:(1)按规定插设安全防护信号,在沿途车站调查处理车辆故障使用时,将红旗(或红灯)插挂在车端部;要求红旗无破损、污迹,旗面展开;红灯明亮。(2)移动轮辋测尺尺框,使定位销落入销孔内,然后锁紧其锁紧螺钉。(3)将定位角铁与车轮内侧面密贴,并使轮辋宽度测头与车轮踏面接触。(4)推动轮辋宽度测尺尺框,使其测量头与车轮外侧面贴靠,从游标中读取轮辋宽度值。如果踏面有辗宽,应减去辗宽值。(5)测量完毕后撤除安全防护信号。要求轻拿轻放、不磕碰检查器;擦拭完后,按规定恢复原状并放置在规定位置。

99. 货物列车中关门车的编挂有哪些规定?

答:因装载的货物规定需停止制动作用或自动制动机临时发生故障的铁路货车,准许关闭截断塞门(简称关门车)。关门车在列车中的编挂规定如下:(1)列检作业场所在车站编组始发的列车,不得有制动故障关门车。(2)编入列车的关门车数不超过现车总辆数的 6%(尾数不足 1 辆时按四舍五入计算)时,可不计算每百吨列车质量的换算闸瓦压力,不填发"制动效能证明书";超过 6%时,按《铁路技术管理规程(普速铁路部分)》规定计算换算闸瓦压力,并填发"制动效能证明书"交司机。(3)关门车不得挂于机车后部 3 辆车之内;在列车中连续连挂不得超过 2 辆;列车最后一辆不得为关门车;列车最后第二、第三辆不得连续关门。关门车须排净副风缸的压缩空气。(4)组合的重载列车中每个单元列车的关门车数量和编挂位置均须符合上述规定。

100. 易造成脱轨的车辆因素有哪些?

答:(1)转向架与车体的斜对称载荷、构架扭曲、弹簧刚度不一致、轮径不一致、前后心盘不平行或对角旁承压死等都能引起轮对一侧减载而造成脱轨。(2)旁承摩擦力过大,阻碍转向架转动,通过曲线时,使轮缘承受过大侧向压力引起脱轨(在采用旁承支重的转向架上易发生)。(3)轴箱定位刚度过大,使轮对与钢轨间侧向冲击力增大,易造成脱轨。(4)空车比重车易脱轨,这是因为空车弹簧挠度小,对线路扭曲的适应力差。(5)车辆重心位置过高,影响到各轮垂直载荷的分配,也易引起脱轨。(6)旁承游间过大,能引起车辆过大的侧滚振动,对防脱轨安全性也有影响。(7)轮缘外侧粗糙,加大了轮轨间的摩擦力,很容易造成脱轨。

S1 25G型客车单车检查

一、考核准备

1. 设备准备

25G型铁路客车一辆。

2. 材料准备

序 号	名 称	规 格	单 位	备 注
1	安全防护红旗	360 mm×500 mm	1面	
2	检车锤		1把	
3	工具袋、皮带		1套	
4	活动扳手	250 mm×300 mm	1把	

3. 考场准备

(1)一个客车台位,工作场地整洁,且采光良好。

(2)隔离措施良好,无安全隐患。

4. 考生准备

防护服装、臂章、准考证、身份证等。

二、技术要求

按《铁路客车运用维修规程》有关规定执行。

三、考核要求

1. 遵守考场纪律和考核时间。

2. 按照作业要求做好各项准备工作。

3. 注意作业安全,防止磕碰摔伤等。

4. 按规章要求由认定人独立完成。

5. 检查过程中发现的故障,现场记录在考评员提供的故障记录表上,检查结束时上交给考评员。

6. 检查的车辆,模拟处于正在运行的状态,车钩全部处于闭锁位,折角塞门开启。

四、考核时限

1. 准备时间:2 min。

2. 正式操作时间:15 min。

3. 计时从设置安全防护红旗开始,到撤除安全防护红旗结束。

4. 超过时间标准 5 min 停止作业。

五、考核评分

1. 考评员人数：考评员 3 名及以上。
2. 评分要点：见考核评分记录表。
3. 评分程序：考评员各自根据考生作业程序在评分表上给予记录评分。
4. 算分方法：采用百分制，满分 100 分，60 分以上为及格。

六、考核评分记录表

单位：________ 姓名：______ 性别：________ 准考证号：________ 工种：________ 级别：________

试题名称：25G 型客车单车检查

考核时间：15 min

操作开始时间：　　时　　分　　　　　　　　　　　　　　　　操作结束时间：　　时　　分

项　目	考核内容及评分标准	扣分因素及扣分	得　分
作业准备 5分	1. 按规定着工作服，佩戴臂章，戴工作帽（帽檐朝前）和手套。1 分		
	2. 检查工具、备品齐全良好。2 分		
	3. 作业前准备时将工具和配件拿出，提前摆放到预定工具、材料摆放区。2 分		
作业程序 25分	1. 设置安全防护红旗。2 分		
	2. 按作业指导书规定的检查步伐进行钻、探检查，无错钻、错跨、漏钻、漏跨。10 分		
	3. 各车门、地板处目视检查。1 分		
	4. 漏敲钩托板（钩托梁）缓冲器托板、钩尾扁销、制动缸、各风缸、钩提杆螺母。2 分		
	5. 轴承前盖、各阀体及闸调器及防松螺栓不得敲打。2 分		
	6. 各缸、阀吊架螺栓及螺母检查确认。2 分		
	7. 发现故障时口述报告故障名称（报告内容须简明扼要，包括：配件名称、故障情况。如：闸瓦插销折断），锤头指向故障部位，动作完成后回头发现故障视为未发现。2 分		
	8. 将使用工具回收齐全，工具和配件分开存放（整齐摆放到工具、材料区内）。2 分		
	9. 撤除安全防护红旗，将安全防护红旗摆放到工具区内。2 分		

续上表

<table>
<tr><th>项　目</th><th>考核内容及评分标准</th><th>扣分因素及扣分</th><th>得　分</th></tr>
<tr><td>作业质量
50分</td><td>每发现一件故障加5分(发现故障时在相应序号下方空格内画"√"未发现故障时画"×")。50分<table><tr><td>1</td><td>2</td><td>3</td><td>4</td><td>5</td></tr><tr><td></td><td></td><td></td><td></td><td></td></tr><tr><td>6</td><td>7</td><td>8</td><td>9</td><td>10</td></tr><tr><td></td><td></td><td></td><td></td><td></td></tr></table></td><td></td><td></td></tr>
<tr><td>考核时间
10分</td><td>设置安全防护红旗开始,撤除安全防护红旗结束,在标准时间范围内(15 min)完成作业。超时时间≤30 s时,减1分;30 s<超时时间≤60 s时,减2分,以此类推。10分</td><td></td><td></td></tr>
<tr><td rowspan="5">作业安全
10分</td><td>1.安全防护红旗全部展开。3分</td><td rowspan="3"></td><td rowspan="3"></td></tr>
<tr><td>2.安全防护红旗未落地。3分</td></tr>
<tr><td>3.作业中未发生破皮见血问题。4分</td></tr>
<tr><td>4.开始作业时未设置安全防护红旗,失格</td><td rowspan="2" colspan="2"></td></tr>
<tr><td>5.作业人员因受伤不能继续作业,失格</td></tr>
<tr><td>合计100分</td><td></td><td></td><td></td></tr>
</table>

考评员签名：　　　　　　　　　　　认定人：　　　　　　　　　　　年　　月　　日

S2 25T 型客车单车检查

一、考核准备

1. 设备准备

25T 型铁路客车一辆。

2. 材料准备

序 号	名 称	规 格	单 位	备 注
1	安全防护红旗	360 mm×500 mm	1 面	
2	检车锤		1 把	
3	工具袋、皮带		1 套	
4	活动扳手	250 mm×300 mm	1 把	

3. 考场准备

(1)一个客车台位，工作场地整洁，且采光良好。

(2)隔离措施良好，无安全隐患。

4. 考生准备

防护服装、臂章、准考证、身份证等。

二、技术要求

按《铁路客车运用维修规程》有关规定执行。

三、考核要求

1. 遵守考场纪律和考核时间。

2. 按照作业要求做好各项准备工作。

3. 注意作业安全，防止磕碰摔伤等。

4. 按规章要求由认定人独立完成。

5. 检查过程中发现的故障，现场记录在考评员提供的故障记录表上，检查结束时上交给考评员。

6. 检查的车辆，模拟处于正在运行的状态，车钩全部处于闭锁位，折角塞门开启。

四、考核时限

1. 准备时间：2 min。

2. 正式操作时间：15 min。

3. 计时从设置安全防护红旗开始，到撤除安全防护红旗结束。

4. 超过时间标准 5 min 停止作业。

五、考核评分

1. 考评员人数：考评员 3 名及以上。

2. 评分要点：见考核评分记录表。

3. 评分程序：考评员各自根据考生作业程序在评分表上给予记录评分。

4. 算分方法：采用百分制，满分 100 分，60 分以上为及格。

六、考核评分记录表

单位：__________ 姓名：______ 性别：________ 准考证号：__________ 工种：________ 级别：________

试题名称：25T 型客车单车检查

考核时间：15 min

操作开始时间： 时 分 操作结束时间： 时 分

项　目	考核内容及评分标准	扣分因素及扣分	得　分
作业准备 5 分	1. 按规定着工作服，佩戴臂章，戴工作帽（帽檐朝前）和手套。1 分		
	2. 检查工具、备品齐全良好。2 分		
	3. 作业前准备时将工具和配件拿出，提前摆放到预定工具、材料摆放区。2 分		
作业程序 25 分	1. 设置安全防护红旗。2 分		
	2. 按作业指导书规定的检查步伐进行钻、探检查，无错钻、错跨、漏钻、漏跨。10 分		
	3. 各车门、地板处目视检查。1 分		
	4. 漏敲钩托板（钩托梁）缓冲器托板、钩尾扁销、制动缸、各风缸、钩提杆螺母。2 分		
	5. 轴承前盖、各阀体及闸调器及防松螺栓不得敲打。2 分		
	6. 各缸、阀吊架螺栓及螺母检查确认。2 分		
	7. 发现故障时口述报告故障名称（报告内容须简明扼要，包括：配件名称、故障情况。如：闸瓦插销折断），锤头指向故障部位，动作完成后回头发现故障视为未发现。2 分		
	8. 将使用工具回收齐全，工具和配件分开存放（整齐摆放到工具、材料区内）。2 分		
	9. 撤除安全防护红旗，将安全防护红旗摆放到工具区内。2 分		

续上表

<table>
<tr><th>项　目</th><th>考核内容及评分标准</th><th>扣分因素及扣分</th><th>得　分</th></tr>
<tr><td>作业质量
50分</td><td>每发现一件故障加5分(发现故障时在相应序号下方空格内画“√”未发现故障时画“×”)。50分
<table><tr><td>1</td><td>2</td><td>3</td><td>4</td><td>5</td></tr><tr><td></td><td></td><td></td><td></td><td></td></tr><tr><td>6</td><td>7</td><td>8</td><td>9</td><td>10</td></tr><tr><td></td><td></td><td></td><td></td><td></td></tr></table></td><td></td><td></td></tr>
<tr><td>考核时间
10分</td><td>设置安全防护红旗开始，撤除安全防护红旗结束，在标准时间范围内(15 min)完成作业。超时时间≤30 s时，减1分；30 s<超时时间≤60 s时，减2分，以此类推。10分</td><td></td><td></td></tr>
<tr><td rowspan="5">作业安全
10分</td><td>1.安全防护红旗全部展开。3分</td><td rowspan="3"></td><td rowspan="3"></td></tr>
<tr><td>2.安全防护红旗未落地。3分</td></tr>
<tr><td>3.作业中未发生破皮见血问题。4分</td></tr>
<tr><td>4.开始作业时未设置安全防护红旗，失格</td><td colspan="2" rowspan="2"></td></tr>
<tr><td>5.作业人员因受伤不能继续作业，失格</td></tr>
<tr><td>合计100分</td><td colspan="3"></td></tr>
</table>

考评员签名：　　　　　　　　　　认定人：　　　　　　　　　　年　　月　　日

S3　C64 型敞车人工技术检查

一、考核准备

1. 设备准备

C64 型系列通用货车一辆。

2. 材料准备

序　号	名　　称	规　　格	单　　位	备　　注
1	安全防护红旗	360 mm×500 mm	1 面	
2	检车锤		1 把	
3	工具袋、皮带		1 套	
4	活动扳手	250 mm×300 mm	1 把	

3. 考场准备

一个货车台位，且采光良好。

4. 考生准备

防护服装、臂章、准考证、身份证等。

二、技术要求

按《铁路货车运用维修规程》有关规定执行。

三、考核要求

1. 遵守考场纪律和考核时间。
2. 按照作业要求做好各项准备工作。
3. 注意作业安全，防止磕碰摔伤等。
4. 按规章要求由认定人独立完成。
5. 全面准确发现故障（口报故障位数及故障名称），故障件数为 10 件。从一位端的二位侧开始作业依次检查到二位端后，绕至一位侧，依次检查至一位侧的一位端结束。

四、考核时限

1. 准备时间：2 min。
2. 正式操作时间：10 min。
3. 计时从设置安全防护红旗开始，到撤除安全防护红旗结束。
4. 超过时间标准 5 min 停止作业。

五、考核评分

1. 考评员 2 名。

2. 评分要点见考核评分记录表。

3. 评分程序及规则:考评员根据考生操作情况对照标准答案在评分表上给予记录评分。

4. 算分方法:采用百分制,满分 100 分,60 分以上为及格。

六、考核评分记录表

单位:__________ 姓名:______ 性别:______ 准考证号:________ 工种:________ 级别:________

试题名称:C64 型敞车人工技术检查

考核时间:10 min

操作开始时间: 时 分　　　　操作结束时间: 时 分

项　目	考核内容及评分标准	扣分因素及扣分	得　分
作业准备 5 分	1. 按规定着工作服,佩戴臂章,戴工作帽(帽檐朝前)和手套。1 分		
	2. 检查工具、备品齐全良好。2 分		
	3. 作业前准备时将工具和配件拿出,提前摆放到预定工具、材料摆放区。2 分		
作业程序 25 分	1. 设置安全防护红旗。2 分		
	2. 按作业指导书规定的“两跨、一俯、两探”检查步伐进行钻、探检查,无错钻、错跨、漏钻、漏跨。10 分		
	3. 各车门、地板处目视检查。1 分		
	4. 敲击钩尾扁销(安全吊架、尾销托梁、尾销插托)、钩尾框(安全)托板螺母。1 分		
	5. 按作业指导书对车轮踏面底部、闸瓦处进行俯身检查。1 分		
	6. 各缸、阀吊架螺栓及螺母检查确认。2 分		
	7. 试验并口述车钩开锁位、全开位、闭锁位作用和运用限度。2 分		
	8. 发现故障时口述报告故障名称(报告内容须简明扼要,包括:配件名称、故障情况。如:闸瓦插销折断),锤头指向故障部位,动作完成后回头发现故障视为未发现。2 分		
	9. 将使用工具回收齐全,工具和配件分开存放(整齐摆放到工具、材料区内)。2 分		
	10. 撤除安全防护红旗,将安全防护红旗摆放到工具区内。2 分		

续上表

<table>
<tr><th>项　目</th><th>考核内容及评分标准</th><th>扣分因素及扣分</th><th>得　分</th></tr>
<tr><td>作业质量
50 分</td><td>每发现一件故障加 5 分(发现故障时在相应序号下方空格内画“√”未发现故障时画“×”)。50 分
<table><tr><td>1</td><td>2</td><td>3</td><td>4</td><td>5</td></tr><tr><td></td><td></td><td></td><td></td><td></td></tr><tr><td>6</td><td>7</td><td>8</td><td>9</td><td>10</td></tr><tr><td></td><td></td><td></td><td></td><td></td></tr></table></td><td></td><td></td></tr>
<tr><td>考核时间
10 分</td><td>设置安全防护红旗开始，撤除安全防护红旗结束，在标准时间范围内(10 min)完成作业。超时时间≤30 s 时，减 1 分；30 s<超时时间≤60 s 时，减 2 分，以此类推。10 分</td><td></td><td></td></tr>
<tr><td rowspan="5">作业安全
10 分</td><td>1. 安全防护红旗全部展开。3 分</td><td rowspan="3"></td><td rowspan="3"></td></tr>
<tr><td>2. 安全防护红旗未落地。3 分</td></tr>
<tr><td>3. 作业中未发生破皮见血问题。4 分</td></tr>
<tr><td>4. 开始作业时未设置安全防护红旗，失格</td><td colspan="2" rowspan="2"></td></tr>
<tr><td>5. 作业人员因受伤不能继续作业，失格</td></tr>
<tr><td>合计 100 分</td><td colspan="3"></td></tr>
</table>

考评员签名：　　　　　　　　认定人：　　　　　　　　年　　月　　日

S4　C70 型敞车人工技术检查

一、考核准备

1. 设备准备

C70 型系列通用货车一辆。

2. 材料准备

序　号	名　　称	规　　格	单　　位	备　　注
1	安全防护红旗	360 mm×500 mm	1 面	
2	检车锤		1 把	
3	工具袋、皮带		1 套	
4	活动扳手	250 mm×300 mm	1 把	

3. 考场准备

一个货车台位，且采光良好。

4. 考生准备

防护服装、臂章、准考证、身份证等。

二、技术要求

按《铁路货车运用维修规程》有关规定执行。

三、考核要求

1. 遵守考场纪律和考核时间。

2. 按照作业要求做好各项准备工作。

3. 注意作业安全，防止磕碰摔伤等。

4. 按规章要求由认定人独立完成。

5. 全面准确发现故障（口报故障位数及故障名称），故障件数为 10 件。从一位端的二位侧开始作业依次检查到二位端后，绕至一位侧，依次检查至一位侧的一位端结束。

四、考核时限

1. 准备时间：2 min。

2. 正式操作时间：10 min。

3. 计时从设置安全防护红旗开始，到撤除安全防护红旗结束。

4. 超过时间标准 5 min 停止作业。

五、考核评分

1. 考评员 2 名。
2. 评分要点见考核评分记录表。
3. 评分程序及规则：考评员根据考生操作情况对照标准答案在评分表上给予记录评分。
4. 算分方法：采用百分制，满分 100 分，60 分以上为及格。

六、考核评分记录表

单位：__________ 姓名：______ 性别：________ 准考证号：__________ 工种：________ 级别：________

试题名称：C70 型敞车人工技术检查

考核时间：10 min

操作开始时间：　　时　　分　　　　　　　　　　　　　　操作结束时间：　　时　　分

项　目	考核内容及评分标准	扣分因素及扣分	得　分
作业准备 5 分	1. 按规定着工作服，佩戴臂章，戴工作帽（帽檐朝前）和手套。1 分		
	2. 检查工具、备品齐全良好。2 分		
	3. 作业前准备时将工具和配件拿出，提前摆放到预定工具、材料摆放区。2 分		
作业程序 25 分	1. 设置安全防护红旗。2 分		
	2. 按作业指导书规定的"两跨、一俯、两探"检查步伐进行钻、探检查，无错钻、错跨、漏钻、漏跨。10 分		
	3. 各车门、地板处目视检查。1 分		
	4. 敲击钩尾扁销（安全吊架、尾销托梁、尾销插托）、钩尾框（安全）托板螺母。1 分		
	5. 按作业指导书对车轮踏面底部、闸瓦处进行俯身检查。1 分		
	6. 各缸、阀吊架螺栓及螺母检查确认。2 分		
	7. 试验并口述车钩开锁位、全开位、闭锁位作用和运用限度（全开位不小于 219 mm，闭锁位不大于 100 mm）。2 分		
	8. 发现故障时口述报告故障名称（报告内容须简明扼要，包括：配件名称、故障情况。如：闸瓦插销折断），锤头指向故障部位，动作完成后回头发现故障视为未发现。2 分		
	9. 将使用工具回收齐全，工具和配件分开存放（整齐摆放到工具、材料区内）。2 分		
	10. 撤除安全防护红旗，将安全防护红旗摆放到工具区内。2 分		

续上表

<table>
<tr><th>项　目</th><th>考核内容及评分标准</th><th>扣分因素及扣分</th><th>得　分</th></tr>
<tr><td>作业质量
50分</td><td>每发现一件故障加5分(发现故障时在相应序号下方空格内画“√”未发现故障时画“×”)。50分
<table><tr><td>1</td><td>2</td><td>3</td><td>4</td><td>5</td></tr><tr><td></td><td></td><td></td><td></td><td></td></tr><tr><td>6</td><td>7</td><td>8</td><td>9</td><td>10</td></tr><tr><td></td><td></td><td></td><td></td><td></td></tr></table></td><td></td><td></td></tr>
<tr><td>考核时间
10分</td><td>设置安全防护红旗开始,撤除安全防护红旗结束,在标准时间范围内(10 min)完成作业。超时时间≤30 s时,减1分;30 s<超时时间≤60 s时,减2分,以此类推。10分</td><td></td><td></td></tr>
<tr><td rowspan="5">作业安全
10分</td><td>1.安全防护红旗全部展开。3分</td><td rowspan="3"></td><td rowspan="3"></td></tr>
<tr><td>2.安全防护红旗未落地。3分</td></tr>
<tr><td>3.作业中未发生破皮见血问题。4分</td></tr>
<tr><td>4.开始作业时未设置安全防护红旗,失格</td><td rowspan="2" colspan="2"></td></tr>
<tr><td>5.作业人员因受伤不能继续作业,失格</td></tr>
<tr><td>合计100分</td><td colspan="3"></td></tr>
</table>

考评员签名：　　　　认定人：　　　　年　　月　　日

S5 TEDS[1] 动态检车(动车组)

一、考核准备

1. 硬件准备

序号	材料名称	配置要求	数量	备注
1	动态服务器	CPU4 核以上、内存 16 G 以上、硬盘 2 块 300 G 以上	1 台	
2	动态检查终端电脑	CPU4 核以上、内存 4 G 以上、硬盘 1 块 80 G 以上	10 台	
3	操作台	1 200 mm×1 000 mm	1 张/人	

2. 软件准备

序号	软件名称	系统要求	考试软件	数量	备注
1	动态服务器	Windows Server 2016	Oracle 数据库、TEDS 作业平台、动态考试软件	1 台	
2	动态检查终端电脑	Windows 7	IE8.0 版本、动态考试软件	10 套	

3. 考场准备

要求选用专用考试场地或适宜的动态检车现场作为考场;考场应符合技能鉴定有关规定;考场环境须符合相关规章制度、工艺要求、作业指导书的规定。

4. 考生准备

防护服装、臂章、准考证、身份证等。

二、技术要求

1. 掌握动车组 TEDS 作业标准流程。
2. 掌握动车组动态故障鉴定及处理方法。

三、考核要求

1. 遵守考场纪律和考核时间。
2. 按照作业要求做好各项准备工作。
3. 注意作业安全,防止磕碰摔伤等。
4. 按规章要求由认定人独立完成。
5. 全面准确发现故障,故障件数为 10 件。

四、考核时限

1. 准备时间:2 min。

---

①TEDS:动车组运行故障图像检测系统。

2. 正式操作时间:20 min。

五、考核评分

1. 考评员 3 名。
2. 评分要点见考核评分记录表。
3. 评分程序及规则:考评员根据考生操作情况对照标准答案在评分表上给予记录评分。
4. 算分方法:采用百分制,满分 100 分,60 分以上为及格。

六、考核评分记录表

单位:________ 姓名:______ 性别:________ 准考证号:__________ 工种:________ 级别:________

试题名称:TEDS 动态检车(动车组)

考核时间:20 min

操作开始时间:　时　分　　　　操作结束时间:　时　分

<table>
<tr><th>项　目</th><th>考核内容及评分标准</th><th>扣分因素及扣分</th><th>得　分</th></tr>
<tr><td rowspan="2">作业准备
5 分</td><td>1. 按规定着工作服,佩戴臂章。2 分</td><td rowspan="13"></td><td rowspan="11"></td></tr>
<tr><td>2. 检查工具、材料、设备齐全良好。3 分</td></tr>
<tr><td rowspan="4">作业程序
25 分</td><td>1. 正确登录操作账号,对动车组进行作业检查。5 分</td></tr>
<tr><td>2. 对预设故障进行鉴定。10 分</td></tr>
<tr><td>3. 对检车监控进行检查。5 分</td></tr>
<tr><td>4. 作业结束后退出系统界面并关机。5 分</td></tr>
<tr><td>作业质量
60 分</td><td>每发现一件故障加 6 分(发现故障时在相应序号下方空格内画"√"未发现故障时画"×")。60 分<table><tr><td>1</td><td>2</td><td>3</td><td>4</td><td>5</td></tr><tr><td></td><td></td><td></td><td></td><td></td></tr><tr><td>6</td><td>7</td><td>8</td><td>9</td><td>10</td></tr><tr><td></td><td></td><td></td><td></td><td></td></tr></table></td></tr>
<tr><td>考核时间</td><td>登录系统开始,20 min 后系统自动停止答题,自动交卷</td></tr>
<tr><td rowspan="4">作业安全
10 分</td><td>1. 按规定着装。5 分</td></tr>
<tr><td>2. 操作未造成系统死机。5 分</td></tr>
<tr><td>3. 因人为原因造成系统无法使用或计算机无法启动,失格</td></tr>
<tr><td>4. 考核过程中发生不文明的现象,失格</td><td></td></tr>
<tr><td>合计 100 分</td><td></td><td></td></tr>
</table>

考评员签名:　　　　认定人:　　　　年　月　日

S6 分解组装17型车钩

一、考核准备

1. 设备准备

装用17型下作用车钩C70系列车型通用敞货车一辆。

2. 材料准备

序 号	名 称	规 格	单 位	备 注
1	安全防护红旗	360 mm×500 mm	1面	
2	手锤	1.35 kg	1把	
3	起销器		1把	
4	开销器		1套	
5	17型车钩运用检测样板	250 mm×135 mm	2件	各1件
6	铁丝刷	200 mm	1把	
7	油刷	500 mm×200 mm	1把	
8	钩舌圆销	42 mm×300 mm	2条	
9	开口销	8 mm×4 mm	2根	每人各2根
10	钩舌推铁		2个	
11	二硫化钼		适量	

3. 考场准备

一个货车台位,且采光良好。

4. 考生准备

防护服装、臂章、准考证、身份证等。

二、技术要求

按《铁路货车运用维修规程》有关规定执行。

三、考核要求

1. 遵守考场纪律和考核时间。
2. 按照作业要求做好各项准备工作。
3. 注意作业安全,防止磕碰摔伤等。
4. 按规章要求由认定人独立完成。

四、考核时限

1. 准备时间：1 min。
2. 正式操作时间：10 min。
3. 计时从设置安全防护红旗开始，到撤除安全防护红旗结束。
4. 超过规定时间 5 min 停止作业。

五、考核评分

1. 考评员 2 名。
2. 评分要点见操作技能考核评分记录表。
3. 评分程序及规则：考评员根据考生操作情况对照标准答案在评分表上给予记录评分。
4. 算分方法：采用百分制，满分 100 分，60 分以上为及格。

六、考核评分记录表

单位：________ 姓名：______ 性别：______ 准考证号：________ 工种：_______ 级别：_______

试题名称：分解组装 17 型车钩配件作业

考核时间：10 min

操作开始时间：　时　分　　　　操作结束时间：　时　分

<table>
<tr><th>项　目</th><th colspan="2">考核内容及评分标准</th><th>扣分因素及扣分</th><th>得　分</th></tr>
<tr><td rowspan="4">作业准备
10 分</td><td colspan="2">1. 着工作服，佩戴臂章，戴工作帽和手套。3 分</td><td rowspan="4"></td><td rowspan="4"></td></tr>
<tr><td colspan="2">2. 检查工具、材料齐全良好。2 分</td></tr>
<tr><td colspan="2">3. 检查量具良好，检定标记不过期。2 分</td></tr>
<tr><td colspan="2">4. 作业前准备时将工具和配件拿出，提前摆放到预定工具、配件摆放区。3 分</td></tr>
<tr><td rowspan="11">程序
质量
70 分</td><td colspan="2">1. 设置安全防护红旗。3 分</td><td rowspan="11"></td><td rowspan="11"></td></tr>
<tr><td rowspan="10">2. 分解
车钩配件</td><td>拔出 17 型车钩防跳插销。2 分</td></tr>
<tr><td>提开车钩。2 分</td></tr>
<tr><td>卸下钩舌销开口销。2 分</td></tr>
<tr><td>取下钩舌销。2 分</td></tr>
<tr><td>卸下钩舌。2 分</td></tr>
<tr><td>卸下钩锁铁。2 分</td></tr>
<tr><td>卸下钩舌推铁。2 分</td></tr>
<tr><td>卸下下锁销组成及下锁销转轴。2 分</td></tr>
<tr><td>无抛扔配件。2 分</td></tr>
<tr><td>无配件直接接触地面。2 分</td></tr>
</table>

续上表

项　目	考核内容及评分标准		扣分因素及扣分	得　分
程序质量70分	3. 清扫、检查、涂抹二硫化钼耐磨剂	清扫钩腔内部(动作、口述)。2分		
		清扫车钩各配件(动作、口述)。2分		
		检查钩腔及车钩配件，确认各部状态符合运用车标准(动作、口述)。2分		
		对钩舌尾部涂抹二硫化钼(动作、口述)。2分		
		对钩锁铁工作面涂抹二硫化钼(动作、口述)。2分		
	4. 组装车钩配件	装入下锁销转轴。2分		
		装入下锁销组成。2分		
		装入钩舌推铁。2分		
		装入钩锁铁。2分		
		正确连接钩锁铁与钩锁销。2分		
		装入钩舌。2分		
		装入钩舌销。2分		
		装入钩舌销开口销。2分		
		开口销劈开角度为60°以上。2分		
		试验并口述车钩开锁位作用。2分		
		试验车钩全开位作用。2分		
		使用车钩样板检测并口述车钩全开位运用限度(测量三处，全开位不小于219 mm)。2分		
		试验车钩闭锁位作用。2分		
		使用车钩样板检测并口述车钩闭锁位运用限度(闭锁位不大于100 mm)。2分		
	5. 插设防跳插销	将防跳插销插入防跳插销孔内。2分		
	6. 工具配件回收	工具回收齐全，整齐摆放到工具区内。1分		
		工具和配件分开存放。1分		
		回收更换下来的废旧配件，与合格配件分开存放。2分		
	7. 撤除安全防护红旗，摆放到工具区内。3分			

续上表

项　　目	考核内容及评分标准	扣分因素及扣分	得　分
考核时间 10 分	设置安全防护红旗开始，撤除安全防护红旗结束，在标准时间范围内（10 min）完成作业。超时时间≤30 s 时，减 1 分；30 s＜超时时间≤60 s 时，减 2 分，以此类推，直至扣完该项点得分		
作业安全 10 分	1. 安全防护红旗全部展开。3 分		
	2. 安全防护红旗未落地。3 分		
	3. 作业中未发生破皮见血问题。4 分		
	4. 开始作业时未设置安全防护红旗，失格		
	5. 漏装配件致使车钩“三态”作用不良，失格		
	6. 作业人员因受伤不能继续作业，失格		
合计 100 分			

考评员签名：　　　　　　　　认定人：　　　　　　　　年　　月　　日

S7　更换转 K2 或转 K6 型转向架一侧闸瓦

一、考核准备

1. 设备准备

C64K 或 C70 系列车型通用敞货车一辆。

2. 材料准备

序　号	名　　称	规　　格	单　　位	备　　注
1	安全防护红旗	360 mm×500 mm	1 面	
2	撬棍	1 m	1 根	
3	秒表		1 块	考评员用
4	手锤	1.35 kg	1 把	
5	排风木塞		1 个	
6	原型闸瓦		4 块	
7	闸瓦插销		4 根	
8	闸瓦插销环		4 个	

3. 考场准备

一个货车台位，且采光良好。

4. 考生准备

防护服装、臂章、准考证、身份证等。

二、技术要求

按《铁路货车运用维修规程》有关规定执行。

三、考核要求

1. 遵守考场纪律和考核时间。
2. 按照作业要求做好各项准备工作。
3. 注意作业安全，防止磕碰摔伤等。
4. 按规章要求由认定人独立完成。

四、考核时限

1. 准备时间：2 min。
2. 正式操作时间：10 min。
3. 计时从设置安全防护红旗开始，到撤除安全防护红旗结束。
4. 超过规定时间 5 min 停止作业。

五、考核评分

1. 考评员 2 名。
2. 评分要点见考核评分记录表。
3. 评分程序及规则:考评员根据考生操作情况对照标准答案在评分表上给予记录评分。
4. 算分方法:采用百分制,满分 100 分,60 分以上为及格。

六、考核评分记录表

单位:__________ 姓名:_____ 性别:______ 准考证号:________ 工种:_______ 级别:_______

试题名称:更换闸瓦作业

考核时间:10 min

操作开始时间:　　时　　分　　　　　　　　　　　　　　　　　　　操作结束时间:　　时　　分

<table>
<tr><th>项　　目</th><th colspan="2">考核内容及评分标准</th><th>扣分因素及扣分</th><th>得　分</th></tr>
<tr><td rowspan="3">作业准备
5 分</td><td colspan="2">1. 着用铁路工作服、工作帽,佩戴臂章。2 分</td><td rowspan="3"></td><td rowspan="3"></td></tr>
<tr><td colspan="2">2. 确认闸瓦及闸瓦插销环性能良好,闸瓦标记是否符合规定。2 分</td></tr>
<tr><td colspan="2">3. 作业前准备时将工具拿出,提前摆放到预定工具、配件摆放区。1 分</td></tr>
<tr><td rowspan="12">作业程序
55 分</td><td colspan="2">1. 设置安全防护红旗。3 分</td><td rowspan="12"></td><td rowspan="12"></td></tr>
<tr><td rowspan="2">2. 关闭截断塞门</td><td>关闭更换闸瓦车辆的截断塞门。2 分</td></tr>
<tr><td>目视截断塞门芯刻线与车辆支管垂直。2 分</td></tr>
<tr><td rowspan="2">3. 排净副风缸余风</td><td>使用木楔或其他卡具将缓解阀拉杆固定。2 分</td></tr>
<tr><td>将副风缸风压排净。2 分</td></tr>
<tr><td>4. 松闸瓦间隙自动调整器</td><td>ST2-250 型闸调器,检车员需用扳手或其他工具进行松动调整;ST1-600 型闸调器,检车员需用手抓住外体手柄进行松动调整。一般同侧换 1 块闸瓦可不用松闸调器、换 2 块转动不大于 2 圈、换 3 块转动不大于 4 圈,依次类推。2 分</td></tr>
<tr><td rowspan="2">5. 卸下闸瓦插销环</td><td>检车员使用撬棍或其他工具活动闸瓦托,使闸瓦与踏面出现间隙,将撬棍伸入闸瓦与车轮踏面间,以踏面为支点向闸瓦托一侧用力撬开闸瓦。2 分</td></tr>
<tr><td>检车员卸下闸瓦插销环,闸瓦插销环放在便于回收的地方。2 分</td></tr>
<tr><td>6. 拔出闸瓦插销</td><td>用手将闸瓦插销拔出,闸瓦插销底部弯曲时,用扳手将其扳至接近于正常或标准状态,然后用手拔出。如仍不能拔出,则用检查锤头部用力向上敲打闸瓦插销头部或底部,直到拔出为止。2 分</td></tr>
<tr><td>7. 卸下需更换的闸瓦</td><td>将检查锤头部或其他工具伸入闸瓦下部向钢轨外侧钩拉闸瓦。卸下闸瓦放在便于回收的地方。2 分</td></tr>
</table>

续上表

<table>
<tr><th>项　　目</th><th colspan="2">考核内容及评分标准</th><th>扣分因素及扣分</th><th>得　分</th></tr>
<tr><td rowspan="16">作业程序
55分</td><td rowspan="2">8. 安装新闸瓦</td><td>生产厂家代码标记端在上。2分</td><td rowspan="19"></td><td rowspan="19"></td></tr>
<tr><td>检车员一只手托住闸瓦底部，从闸瓦托下部由下向上沿车轮踏面将闸瓦送上闸瓦托。3分</td></tr>
<tr><td rowspan="2">9. 安装闸瓦插销</td><td>抓住闸瓦插销上部，沿闸瓦托上部插销孔由上向下顺势插入闸瓦插销。3分</td></tr>
<tr><td>闸瓦插销穿入闸瓦托与闸瓦的插销孔内正位入底，闸瓦插销底部环眼孔需露出闸瓦托底部。2分</td></tr>
<tr><td rowspan="3">10. 安装闸瓦插销环</td><td>将弹性闸瓦插销环一端掰开3～5 mm间隙。2分</td></tr>
<tr><td>将闸瓦插销环穿入闸瓦插销底部环眼孔，然后旋转，直到闸瓦插销环另一端重新闭合。2分</td></tr>
<tr><td>拨动闸瓦插销环不脱落，目视闸瓦插销环距轨面不小于25 mm。1分</td></tr>
<tr><td>11. 恢复闸调器</td><td>ST2-250型闸调器检车员用扳手或其他工具调整恢复；ST1-600型闸调器检车员用手抓住外体手柄进行调整恢复。3分</td></tr>
<tr><td rowspan="3">12. 开启截断塞门</td><td>撤下木楔或其他卡具。2分</td></tr>
<tr><td>打开截断塞门手把。2分</td></tr>
<tr><td>确认截断塞门芯刻线与车辆支管平行。2分</td></tr>
<tr><td>13. 质量检查和确认</td><td>确认截断塞门开启到位，闸瓦、闸瓦插销及环安装良好。同一制动梁两端闸瓦厚度差不得大于20 mm(口述)。3分</td></tr>
<tr><td colspan="2">14. 作业过程中无磕碰。2分</td></tr>
<tr><td colspan="2">15. 将使用工具回收齐全，整齐摆放到工具区内。2分</td></tr>
<tr><td colspan="2">16. 撤除安全防护红旗，摆放到工具区内。3分</td></tr>
<tr><td colspan="2" style="display:none"></td></tr>
<tr><td rowspan="3">作业质量
15分</td><td colspan="2">1. 闸瓦、闸瓦插销安装正位。5分</td></tr>
<tr><td colspan="2">2. 闸瓦插销环安装正位。5分</td></tr>
<tr><td colspan="2">3. 同一制动梁两端闸瓦厚度差不大于20 mm。5分</td></tr>
<tr><td>考核时间
10分</td><td colspan="2">设置安全防护红旗开始，撤除安全防护红旗结束，在标准时间范围内(10 min)完成作业。每超过30 s减1分，超过规定时间5 min停止作业</td><td></td><td></td></tr>
<tr><td rowspan="3">作业安全
15分</td><td colspan="2">1. 安全防护红旗全部展开。5分</td><td rowspan="3"></td><td rowspan="3"></td></tr>
<tr><td colspan="2">2. 安全防护红旗未落地。5分</td></tr>
<tr><td colspan="2">3. 作业中未发生破皮见血问题。5分</td></tr>
<tr><td>合计100分</td><td colspan="2"></td><td></td><td></td></tr>
</table>

考评员签名：　　　　　　　　　　　认定人：　　　　　　　　　　　年　　月　　日

S8 车钩高度检测

一、考核准备

1. 设备准备

通用铁路货车一辆。

2. 材料准备

序号	名称	规格	单位	备注
1	安全防护红旗	360 mm×500 mm	1面	
2	秒表		1块	考评员用
3	车钩高度检查尺		1把	
4	擦拭毛巾		1条	

3. 考场准备

货车台位一个,且采光良好。

4. 考生准备

防护服装、臂章、准考证、身份证等。

二、技术要求

按《铁路货车运用维修规程》有关规定执行。

三、考核要求

1. 遵守考场纪律和考核时间。
2. 按照作业要求做好各项准备工作。
3. 注意作业安全,防止磕碰摔伤等。
4. 按规章要求由认定人独立完成。

四、考核时限

1. 准备时间:2 min。
2. 正式操作时间:15 min。
3. 计时从设置安全防护红旗开始,到撤除安全防护红旗结束。
4. 超过规定时间 7 min 30 s 停止作业。

五、考核评分

1. 考评员 2 名。

2. 评分要点见考核评分记录表。

3. 评分程序及规则：考评员根据考生操作情况对照标准答案在评分表上给予记录评分。

4. 算分方法：采用百分制，满分 100 分，60 分以上为及格。

六、考核评分记录表

单位：__________ 姓名：______ 性别：______ 准考证号：________ 工种：______ 级别：______

试题名称：车钩高度检测

考核时间：15 min

操作开始时间：　时　分　　　　操作结束时间：　时　分

项　目	考核内容及评分标准	扣分因素及扣分	得　分
作业程序 50分	1. 检查车钩高度检查尺外观技术状态良好，要求配件齐全，测量尺框灵活，刻度线清晰，检定标记（或鉴定合格证）不过期。10 分		
	2. 设置安全防护红旗。10 分		
	3. 打开竖尺，将横尺两垫块水平置于钢轨上平面，保持竖尺与钢轨水平面垂直，沿竖尺移动钩舌测尺将测尺两爪卡在钩舌上、下面，使测尺与钩舌相互平行，滑尺尺框刻线所对应竖尺的刻度尺寸，即为车钩中心高度。20 分		
	4. 收拾工具（测量完毕后，拉起棘爪，合上竖尺，使磁铁嵌入磁铁座中），撤除安全防护红旗。未按作业顺序进行每项扣 10 分		
作业质量 20分	1. 安全防护红旗插、撤不到位扣 10 分		
	2. 未收工具扣 10 分		
工具装备 10分	工具、量具使用不当每次扣 3 分，不会使用扣 5 分；每损坏一件扣 5 分		
考核时间 10分	规定时间内全部完成，每超 45 s 扣 1 分，超过 7 min 30 s 停止作业		
作业安全 10分	1. 未按规定着装扣 2 分		
	2. 受轻伤扣 10 分		
	3. 受伤不能继续工作，失格		
	4. 未插设安全防护红旗，失格		
合计 100 分			

考评员签名：　　　　认定人：　　　　年　月　日

S9 测量车轮直径

一、考核准备

1. 设备准备

货车轮对 1 条。

2. 材料准备

序 号	名 称	规 格	单 位	备 注
1	车轮轮径尺		1 把	
2	止轮木楔		1 块	考评员用
3	秒表		1 块	

3. 考场准备

实训场 1 处,且采光良好。

4. 考生准备

防护服装、臂章、准考证、身份证等。

二、技术要求

按《铁路货车运用维修规程》有关规定执行。

三、考核要求

1. 遵守考场纪律和考核时间。
2. 按照作业要求做好各项准备工作。
3. 注意作业安全,防止磕碰摔伤等。
4. 按规章要求由认定人独立完成。

四、考核时限

1. 准备时间:2 min。
2. 正式操作时间:15 min。
3. 计时从设置安全防护红旗开始,到撤除安全防护红旗结束。
4. 超过规定时间 7 min 30 s 停止作业。

五、考核评分

1. 考评员 2 名。
2. 评分要点见考核评分记录表。
3. 评分程序及规则:考评员根据考生操作情况对照标准答案在评分表上给予记录评分。

4. 算分方法：采用百分制，满分 100 分，60 分以上为及格。

六、考核评分记录表

单位：__________ 姓名：______ 性别：_______ 准考证号：_________ 工种：_______ 级别：_______

试题名称：测量车轮直径

考核时间：15 min

操作开始时间： 时 分 操作结束时间： 时 分

项　目	考核内容及评分标准	扣分因素及扣分	得　分
作业程序 20 分	1. 检查轮径检查尺，安放止轮木楔。5 分		
	2. 检查轮对后，按照段修规定进行测量并口述限度。10 分		
	3. 检查测量完毕，撤除止轮木楔。5 分		
作业质量 50 分	1. 未检查轮对扣 5 分，使用轮径尺不规范扣 5 分		
	2. 左测尺对正 750 mm 定位，拧紧紧固螺钉。将轮径尺从车轮内侧放置车轮踏面，使两端测爪的定位基准面贴靠轮辋内侧面，两端测头与踏面接触。移动右测尺测头找最大直径，右测尺与尺框所对应的示值为车轮直径。测量方法不正确扣 10 分		
	3. 以踏面滚动圆为基准，测量同一车轮沿圆周任一两等分处车轮的直径，其平均值为车轮直径，其差值为车轮直径差，其值不得大于 0.5 mm。未测量其他等分处一处扣 5 分；未取平均值确定车轮直径差扣 5 分		
	4. 同一轮对两车轮的直径差为轮对车轮直径差，段修规定：经旋修者不得大于 1 mm；非提速轮对未经旋修者不得大于 2 mm；提速轮对未经旋修者不得大于 1 mm。判断是否符合限度要求，未掌握限度和判断不正确扣 20 分		
工具装备 10 分	工具未收每件扣 5 分，损坏工具每件扣 5 分		
考核时间 10 分	规定时间内全部完成，每超 45 s 扣 1 分，超过 7 min 50 s 停止作业		
作业安全 10 分	1. 未按规定着装扣 2 分		
	2. 有不安全因素每次扣 3 分		
	3. 受轻伤扣 5 分		
	4. 受伤不能继续工作，失格		
合计 100 分			

考评员签名： 认定人： 年 月 日

S10　测量车轮踏面外侧缺损

一、考核准备

1. 设备准备

货车轮对 1 对。

2. 材料准备

序　号	名　　称	规　　格	单　　位	备　　注
1	安全防护红旗		1 面	
2	轮对内距尺		1 把	
3	第四种检查器		1 把	
4	钢直尺	150 mm	1 把	
5	秒表		2 只	

3. 考场准备

(1)实训场 1 处，且采光良好。

(2)隔离措施良好，无安全隐患。

4. 考生准备

防护服装、臂章、准考证、身份证等。

二、技术要求

按《铁路货车运用维修规程》有关规定执行。

三、考核要求

1. 遵守考场纪律和考核时间。
2. 按照作业要求做好各项准备工作。
3. 注意作业安全，防止磕碰摔伤等。
4. 按规章要求由认定人独立完成。
5. 测量尺寸误差不得超过±0.5 mm。
6. 掌握测量车轮踏面外侧缺损的方法。
7. 掌握货车车轮踏面外侧缺损的运用限度要求。

四、考核时限

1. 准备时间：2 min。
2. 正式操作时间：20 min。

3. 计时从考评员发出指令开始，到考生报告作业完毕时结束。
4. 超过规定时间 10 min 停止作业。

五、考核评分

1. 考评员 2 名。
2. 评分要点见考核评分记录表。
3. 评分程序及规则：考评员根据考生操作情况对照标准答案在评分表上给予记录评分。
4. 算分方法：采用百分制，满分 100 分，60 分以上为及格。

六、考核评分记录表

单位：__________ 姓名：______ 性别：________ 准考证号：__________ 工种：________ 级别：________

试题名称：测量车轮踏面外侧缺损

考核时间：20 min

操作开始时间：　时　分　　　　操作结束时间：　时　分

项　目	考核内容及评分标准	扣分因素及扣分	得　分
作业程序 30 分	1. 插设安全防护红旗。安全防护红旗未展开扣 2 分；红旗落地未重插扣 5 分		
	2. 对轮对进行检查、测量。未对轮对进行检查扣 5 分。测量缺损部相对轮缘的厚度、缺损部剩余宽度、轮对内侧距离，测量方法不正确各扣 5 分。作业顺序颠倒每次扣 3 分		
	3. 正确使用检查器。检查器使用不规范扣 5 分		
	4. 撤除安全防护红旗。工具未撤出钢轨外侧，每件扣 2 分。安全防护红旗未撤除扣 10 分。检查器未确认有效期扣 5 分		
作业质量 50 分	1. 测量相关限度正确无误。测量相关限度，每超 1 mm 扣 2 分。计算结果错误扣 10 分		
	2. 判断是否符合运用限度。未掌握运用限度扣 20 分		
	3. 判断是否扣修还是放行。计算方法错误扣 10 分		
考核时间 10 分	每超 60 s 扣 1 分，不足 60 s 按 60 s 计算，超过规定时间 10 min 停止作业		
作业安全 10 分	1. 认真做好工具设备的使用与维护。工具损坏，每件扣 4 分；工具未放回指定地点，每件扣 2 分		
	2. 按规定插、撤安全防护红旗		
	3. 按规定穿戴劳保用品。未按规定使用工具及穿戴劳动防护用品扣 5 分。作业过程中碰伤出血扣 5 分		
合计 100 分			

考评员签名：　　　　　　认定人：　　　　　　年　　月　　日

第二部分　高　级　工

1. TFDS 系统的基本功能是什么？

答：货车故障轨旁图像检测系统，运用高速数字图像采集、计算机和网络通信等技术，具备在列车运行状态下采集显示铁路货车有关部件图像、自动判别部分铁路货车故障等基本功能。

2. TFDS 终端的检查界面分为几个区？

答：TFDS 终端的检查界面分为菜单区、图片区、基本信息操作区和关联信息区。

3. TFDS 软件系统由哪些组成？

答：TFDS 软件系统的组成：接车程序、窗口程序、添加新车型程序、服务器操作系统、数据库程序、报文系统（为后台运行程序）。

4. TPDS 预警信息由哪几部分组成？等级划分有哪些？

答：TPDS 预警信息由车轮踏面损伤预警、运行品质预警和超偏载预警组成。车轮踏面损伤预警根据车轮踏面损伤程度由重到轻顺序分为一级、二级、三级，超偏载预警根据超载吨数、偏载尺寸、偏重吨数由重到轻顺序分为一级、二级。

5. 动态检车组应按照什么原则安排列车的检查顺序？

答：根据故障拦停和现场确认的需要，一个动态检车组同时负责 2 个及以上 TFDS 探测站列车动态检查作业时，应按照"直通优先、先开优先"的原则安排检查顺序，每列车的动态检查作业须由一个动态检车组完成。

6. TFDS 动态检车员配备数量的依据是什么？

答：TFDS 动态检车员的配备数量依据转向架底部（或制动梁部）、转向架侧架部、车钩缓冲部和底架部等区域的检查工位及动态检查技检时间、车流密度、编组辆数等因素由铁路局集团公司来核定。

7. 钩尾框哪些部位易产生裂纹？

答：（1）铆钉孔及弯角处，锻制钩尾框后堵铆孔处较多。（2）钩尾扁销孔处。（3）铸钢钩尾框前挡。

8. 列车后部车辆两钩头破损时的应急处理方法是什么？

答：在列车后部车辆两钩头破损时，应拆下已停止自动制动机作用车辆的固定支点和移动杠杆，并将其用圆销相互连接后，分别固定在两个钩尾销上，使其相互连接，钩尾销螺栓可用闸瓦插销代替。

9. 货车安全防范系统三级专业网络的构成是什么？

答：货车安全防范系统实行探测站、铁路局集团公司监测站、全路车辆运行安全监管中心三级联网，列检作业场、车辆段、铁路局集团公司监测站三级复示应用，满足点线成网、跟踪运行、局间集控的需求。

10. 车钩哪些部位易产生裂纹？

答：上下钩耳基下锁销孔处；钩舌内侧弯角处及钩舌销孔处；钩尾销孔处；钩头与钩身过渡弯角部位；距钩肩 200 mm 左右的钩身上。

11. 钩尾框哪些部位易产生裂纹？

答：钩尾框易发生裂纹的部位有后弯角处、扁销孔处和前挡。

12. 侧架哪些部位易产生裂纹？

答：侧架易产生裂纹的部位有：导框上弯角处、三角孔与立柱上弯角处、侧架立柱根部、枕簧承台弯角处和侧架立柱磨耗板铆钉孔处。

13. 摇枕哪些部位易产生裂纹？

答：摇枕易产生裂纹的部位有：摇枕挡处、下心盘螺栓孔处、摇枕中央部排水孔下方、下旁承附件，以及摇枕内部心盘立筋与心盘底平面交接处。

14. 在列检作业场现场作业时对 13 号、13A 型、13B 型三连杆机构上锁销杆上端面防跳部位磨耗如何检测？

答：(1)用量规 162Z 端测量上锁销杆全长，能插入时为磨耗超限。(2)测量挂钩口下端外部弧面至上端防跳部位的最长距离。

15. 在列检作业场现场作业时对 13 号钩舌推铁弯曲变形如何检测？

答：(1)将样板 A、B 部和曲面与钩舌推铁的相应面靠贴，用塞尺测量钩舌推铁 C 部与样板间隙；局部间隙不大于 1.5 mm 时为合格。(2)检测钩舌推铁踢足与原型轮廓的变形量。

16. 在列检作业场现场作业时对 13 号钩舌推铁锁座处磨耗如何检测？

答：(1)用样板凹口插入钩舌推铁锁座处，将 A 面和 B 面贴靠钩舌推铁锁座处立面和上平面，用塞尺塞检锁座磨耗处与样板间隙，小于 1.6 mm 时合格。(2)检测钩舌推铁锁座与原型轮廓的减少量。

17. 在列检作业场现场作业时对 13 号钩舌推铁轴磨耗如何检测？

答：(1)用样板 29Z 端插入钩舌推铁轴磨耗严重处，插入量超半径时，为磨耗超限。(2)测量钩舌推铁轴磨耗处直径最小剩余量。

18. 在列检作业场现场作业时对 17 型钩舌推铁弯曲变形如何检测？

答：(1)将量规 A、B 处与钩舌推铁贴靠，用塞尺检查 C 处间隙，间隙不大于 1.5 mm。(2)以钩舌推铁端面、踢足推动面定位，测量推铁腿端部的变形量。

19. 在列检作业场现场作业时对钩舌销径向磨耗如何检测？

答：(1)用量规 39Z 端插入钩尾销磨耗严重处，插入量超半径时为磨耗超限。(2)测量钩舌销磨耗部位直径最小剩余量。

20. 在现场作业时对 13 号、13A 型车钩钩腕端部外胀变形如何进行检测？

答：(1)样板Ⅰ处贴靠钩体上护销突缘外侧圆弧，Ⅱ处贴靠钩头正面，用塞尺测量Ⅲ处与钩腕的间隙，不大于 1.5 mm 时为合格。(2)以钩体上护销突缘外侧圆弧、钩头正面为基准，测量钩腕端部轮廓与原形轮廓的外胀变形量。

21. 简述转 K6 型转向架基础制动装置的组成。

答：转向架基础制动装置为中拉杆结构的单侧滑槽制动形式，由左右组合式制动梁、中拉杆组成、固定杠杆组成、游动杠杆组成、固定杠杆支点、新型高摩合成闸瓦和耐磨销套等组成。

22. TFDS 动态检查作业检查辆数应遵循的原则有哪些？

答：TFDS 动态检查原则上每人每列不超过 10 辆。实行人机分工检查方式的到达列车，原则上人工检查每人每列单侧不超过 30 辆；实行人工检查方式的到达列车，原则上每人每列单侧不超过 20 辆；中转列车，原则上每人每列单侧不超过 20 辆；始发列车，原则上每人每列单侧不超过 15 辆。

23. 货物列车中转作业的检查方式是如何规定的？

答：对列检作业场所在车站且处在列检作业安全保证距离位置上的中转列车进行的作业，实行人机分工检查方式，对铁路货车执行“人机分工 TFDS 动态检查范围和质量标准”和“中转列车人机分工人工检查范围和质量标准”；列检作业场接入列车进路无 TFDS 的，实行人工检查方式，对铁路货车执行“始发列车检查范围和质量标准”；对加挂的铁路货车，实行人工检查方式，执行“始发列车检查范围和质量标准”。

24. 货物列车通过作业的检查方式是如何规定的？

答：对到达作业、始发作业、中转作业以外的货物列车，利用 TFDS 进行的作业，实行动态检查方式，对铁路货车执行“通过作业 TFDS 动态检查范围和质量标准”。

25. 在沿线调查、处理故障和事故时有何规定？

答：在沿线调查、处理故障和事故时，要在车站登记，通知车站将道岔锁闭在不能通往调查处置线路的位置，并在车列首、尾端部来车方向的左侧车体上设置停车信号，进行安全防护后进行检查处理。作业结束并撤除安全防护信号后，通知车站。

26. 铁路货车故障处理种类有哪些？

答：铁路货车故障处理种类分为：摘车临修、列车队较大故障修理（简称大件修）、列车队一般故障修理（简称小件修）、临时整修等。大件修处理方式有：更换、补装、调整、恢复、修复。小件修处理方式有：更换、紧固、恢复、修复。

27. 在运用作业场对不摘车施修的铁路货车处理制动管故障的修理标准有哪些？

答：处理制动管故障时，管系螺纹处须使用聚四氟乙烯薄膜缠绕或涂抹黑铅粉油，缠绕不得超过螺纹端部，连接处紧固后须外露 1 扣以上的完整螺纹，旋入部分不得少于 4 扣；主管端接管（辅助管）长度为 250～400 mm；分解管系时，橡胶密封件须更换新品，橡胶密封圈须使用 E 形密封圈。

28. 在运用作业场对不摘车施修的铁路货车更换折角塞门故障的修理标准有哪些？

答：更换折角塞门时，折角塞门体中心线与主管垂直中心夹角为 30°；更换制动软管时，软管连接器连结平面与车体中心夹角为 45°；有特殊要求的除外。

29. 列车自动制动机应按规定进行试验，何种情况进行简略试验？（客车）

答：（1）客列检作业后，旅客列车始发前。（2）区段列检所对无调车作业的中转列车（根据区间线路及制动缸活塞行程变化的情况，需要全部试验时，由铁路局集团公司规定）。（3）更换机车或更换乘务组时。（4）无列检作业的始发列车发车前。（5）列车软管有分离情况时。（6）列车停留超过 20 min 时。（7）列车摘挂补机，或第一机车的自动制动机损坏交由第二机车操纵时。（8）机车改变司机室操纵时。（9）单机附挂车辆时。

30. 在运用作业场对不摘车施修的铁路货车各部螺栓安装的修理标准有哪些？

答：各阀和风缸吊架安装螺栓应由上向下装入（无安装空间者除外），在长圆孔侧加平垫圈；制动阀防盗罩螺栓须紧固。各螺栓组装紧固后，螺杆上的螺纹须露出螺母 1 扣以上，但不能超过 1 个螺母厚度（U 形管吊卡和风缸吊卡除外）。使用 4 个螺栓连接紧固的配件，须对角进行紧固；处理螺母丢失的故障时，填补基本母紧固后须加装备母（防松螺母及有弹簧垫圈者除外）。

31. 铁路货车运行安全监控系统具备哪些功能?

答:铁路货车运行安全监控系统须自动判别列车运行方向、车次、车种、车型、车号,自动测速、计轴、计辆;具备系统自检、运行状态监测、远程维护及数据查询分析、统计报表自动生成等功能;具备数据传输功能,预留各系统间、与其他系统间信息交互接口;各级终端须统一规范用户界面、功能及操作流程,具备自动校对时间功能。

32. 铁路货车运行安全监控系统须满足的要求有哪些?

答:铁路货车运行安全监控系统须满足在不同的地理位置、气候条件下不间断运行的要求,采用双路电源供电并具有自动转换功能,配备不间断电源(UPS)、防雷装置,具备抗干扰能力;服务器、数据存储设备、监控(复示)终端和网络通道须有可靠的备份机制,实行一主一备或双机热备。

33. TFDS 动态检车作业时包含哪些鼠标轨迹?

答:转向架侧部运用“凹”字检查法;转向架底部运用“8”字检查法;车体底部运用“三”字检查法;车钩缓冲底部运用“e”字检查法;车钩缓冲侧部运用“V”字检查法。

34. TFDS 作业平台具备的功能有哪些?

答:网络通道带宽、传输距离及设备软硬件须满足动态检查需要,探测图片存储不少于1个月;TFDS 作业平台须具备交接班,设备监控,智能分组、分车、分辆,探测图片显示,故障智能跟踪,丢图、窜图、曝光等质量不良图片标识,数据分析等功能;与列检复示终端实现故障预报、反馈、跟踪、确认的闭环管理。

35. “通过作业 TFDS 动态检查范围和质量标准”范围内故障的处理原则有哪些?

答:动态检查作业发现“通过作业 TFDS 动态检查范围和质量标准”范围内的故障和其他危及行车安全的故障,按照“先报告后提交”的原则,向铁路局集团公司红外线调度员进行预报拦停,办理拦停手续。

36. 在列检作业场现场作业时如何测量车钩高度差?

答:车钩高度差的测量方法有两种:一种是使用钢板尺分别测量两连接车钩钩舌的上、下偏差之和除以 2,即为车钩高度差;另一种是直接测量两连接车钩钩舌中心水平线之间的距离,所得的数值亦为车钩高度差。

37. 在现场作业时如何测量钩提杆链松余量?

答:测量闭锁位钩提杆链松余量时,应首先测量钩提杆链于拉直状态下的两圆销中心线间的距离,然后再测量钩提杆链于自由状态下的两圆销中心线间距离,所测量两数值之差即为钩提杆链松余量。《铁路货车运用维修规程》规定钩提杆链松余量为 40～55 mm。

38. 车辆发生车轮故障时应做哪些基本调查?

答:(1)发生车轮故障时应调查:车轮种类、材质、制造及组装年月、地点、号码、各部有无磨耗、裂纹、剥离、擦伤、凹入、缺损等情况,轮箍轮辋厚度、轮缘厚度、有无扣环、新旧痕百分比、轮缘缺损时轮缘实际厚度、同轴相对轮缘厚度等。(2)各车辆段应对事故配件妥善保管,事故责任未经落实者,不得自行处理。

39. 闸调器拉杆在制动时伸长后不能复原的原因是什么? 如何处理?

答:闸调器拉杆不能复原的原因:制动时制动缸活塞行程太长,在缓解时调整螺母转动不灵活,往往不能及时跟着前进造成的。处理方法:在试风时可将手锤垫在闸瓦与车轮之间,使间隙减小,这样就可使拉杆恢复原位,严重的要进行分解、清洗及给油。

40. 在现场作业时对制动梁哪些常见故障进行检查?

答:制动梁支柱椭圆孔两端边缘处、支柱椭圆孔处、梁体中部、弓形杆圆弧顶端、弓形杆与梁体结合处裂纹,制动梁闸瓦托焊缝开裂,制动梁端轴裂损、焊缝开裂,制动梁安全链裂损,制动梁弯曲、变形等。

41. 动态检查每列预报确认故障信息的处理有何要求?

答:对到达、中转作业的列车,动态检车组长应将每列预报确认的故障信息复核后通知列检值班员。列检值班员以辆为单位向现场预报,检车员确认、处理后,将结果报告列检值班员,列检值班员核对、汇总后反馈给动态检车组长,动态检车组长确认故障处理方式、处理人、处理时间等内容,并录入 TFDS。

42. TFDS 发生无法正常进行动态检查作业时如何处理?

答:TFDS 发生丢图、窜图、曝光等故障及停机、停电、设备检修等无法正常进行动态检查时,实行人机分工检查方式的列车,应安排人工补充检查;实行动态检查方式的列车,只对能正常探测的部位进行动态检查。

43. 辐板孔周向裂纹的定义是什么?

答:辐板孔周向裂纹是指裂纹方向(从起点指向端点的方向)与过裂纹端点的圆周切线方向的角度小于 15°,此范围内裂纹定义为周向裂纹;超出此范围的裂纹定义为径向裂纹。

44. 在列检作业场现场作业时如何使用 16、17 型车钩检测量规对 16、17 型车钩闭锁位进行检查?

答:(1)按规定插设安全防护红旗(或红灯),在沿途车站调查处理车辆故障使用时,将红旗(或红灯)插挂在车端部;要求红旗无破损、污迹,旗面展开;红灯明亮。(2)该样板用于检查 16、17 型车钩组成后闭锁位置时钩舌鼻部到钩体正面的距离。修复后,分别用 T82、Z97 端检查车钩钩舌鼻部到钩体正面的距离，如果样板通端能通过，止端能止住，则修复后的产品合格。(3)测量完毕后撤除安全防护红旗(或红灯)。要求轻拿轻放、不磕碰检测量规；擦拭完后，按规定恢复原状并放置在规定位置。

45. 在列检作业场现场作业时如何使用16、17型车钩检测量规对16、17型车钩全开位进行检查？

答：(1)按规定插设安全防护红旗(或红灯)，在沿途车站调查处理车辆故障使用时，将红旗(或红灯)插挂在车端部；要求红旗无破损、污迹，旗面展开；红灯明亮。(2)该样板用于检查16、17型车钩组成后全开位置时钩舌鼻部到钩腕距离。修复后，用样板T219端检查全开位钩舌鼻部到钩腕距离，用样板在车钩钩腕部和钩舌鼻部上下的全长范围内(上下圆角除外)，检查不少于3处，如果T219通端能通过，则修复后的产品合格。(3)测量完毕后撤除安全防护红旗(或红灯)。要求轻拿轻放、不磕碰检测量规；擦拭完后，按规定恢复原状并放置在规定位置。

46. 列车在区间发生折角塞门破损时应如何进行处理？

答：列车在区间发生折角塞门破损时，应立即奔赴出事地点，首先将折角塞门破损位置的连挂邻车折角塞门关闭，停止其排风，插设安全防护信号，将破损的折角塞门卸下，用一个弯头安装于补助管上，然后将制动编织软管总成安装在弯头下方并连结好后即可。另一种方法是与列车最后一辆车的折角塞门进行调换使用，其做法是将最后一辆车的前端折角塞门关闭，将其后端的折角塞门卸下，安在破损折角塞门的车辆上即可。

47. 在现场作业发现缓冲器卡滞时如何判断？

答：(1)正常安全状态的缓冲器的判断：缓冲器的摩擦部件在弹簧力推动下，使从板紧靠前从板座，缓冲器箱体底部紧靠后从板座时的缓冲器为处于正常安全状态的缓冲器。(2)卡滞状态的缓冲器的判断：当缓冲器处于卡滞状态时，从板与前从板座，缓冲器箱体底部与后从板座之间中的一处或两处存在间隙。当从板与缓冲器箱体开口端接触时，为最严重的卡滞状态。(3)从板与前从板座、箱体与后从板座产生间隙时，还要排除车辆前、后从板座距离变长的因素，才能判定是否缓冲器处于卡滞状态。前、后从板座距离变长应及时修复。

48. 在列检作业场现场作业时发现管系漏泄时应怎样判断处理？

答：(1)判断管系是断裂还是漏泄，若管系方向是垂直于轨面，则属断裂，应做全面处理，以防列车突停。(2)如果管系活结松动，漏泄管系平行于轨面，且角度方向不超过管系方向90°，则可经处理后放行。(3)支管漏风必须彻底处理，如是连通管漏泄时，在时间允许的情况下彻底处理，如时间不允许，可稍做处理后放行。(4)在作业中发现立上管活结漏风，并且是带弯角的，不能用管钳盲目处理，应扣车处理。

49. 建设货车故障轨旁图像检测系统(TFDS)的目的是什么？

答：实现列检对货物列车的技术检查作业手段由人工检查向设备检测转变，由静态检查向动态检测转变，逐步达到人、机结合的最优化，从而推进行车安全防范技术现代化，加快货车列检作业布局优化进程，促进列检作业方式变革，提高运输效率。

50. 动态检查作业方式和人机分工检查作业方式的定义分别是什么？

答：动态检查作业方式是动态检车员利用铁路货车安全防范系统进行的列车不停车技术检查，负责范围是铁路货车安全防范系统检查、检测铁路货车配件时的可探测、可视部位。人机分工检查方式是以动态检查为主，人工检查为辅的列车技术检查，人工检查是对动态检查范围的补充。

51. TFDS 动态检车员发现故障后提交故障的流程是什么？

答：TFDS 动态检车员在检查作业时，应将疑似故障局部放大，确认后用红色线条的方框标出故障部位，按规定选用正确的故障名称，自动将故障图片和列车车次、过车开始时间（年、月、日、时、分、秒）、车速、编挂位置、车种、车型、车号、故障名称、故障提交人、组别、故障发现时刻等信息提交到动态检车组长作业终端，动态检车组长对提交的故障进行复核。对符合拦停范围的故障，本着“先报告后提交”的原则办理，TFDS 动态检车员应将丢图、窜图、曝光等信息及时提交给动态检车组长作业终端。动态检车组长应对提交的故障信息按规定办理。

52. 导致车辆悬浮脱轨的主要因素有哪些？

答：(1)线路的超高顺坡率。多发生在曲线半径 200 m 以内，超高顺坡率在 2.5‰以上、曲线间夹直线在 25 m 以内的连续反向曲线区段的缓和曲线部分上，没有明显的爬轨痕迹。(2)货物装载的程度。轻浮货物和零担货物，载重量轻，重心高或运行中容易位移造成严重偏载的货物。(3)车辆旁承接触状态和游间大小。两侧旁承游间过大或过小，或一侧旁承无游间。此外，因列车运行速度较低，时速在 10～20 km，列车制动冲动力的导发，都容易造成脱轨事故。

53. 为什么车轴轮座在深入与车轮配合面两端 3～5 mm 的横截面处易发生切轴事故？

答：(1)该横面处在车辆载荷作用下承受巨大的交变弯曲应力、剪切应力和扭转应力。(2)轮座与轮毂孔为大过盈量配合，因而在轮座配合长度内承受着巨大的接触压应力。(3)正由于轮座与轮孔为过盈配合而形成刚体，也必然在配合面两端交接处存在巨大的弯曲和扭转应力集中现象。(4)车辆在运行中轮对承受轮轨巨大的冲击和车辆振动动应力，易使该处疲劳过限或材料组织缺陷扩张并产生裂断。

54. 什么叫 120 阀的“局部增压”？说明其加速缓解作用的原理。

答：“局部增压”是指列车管除通过机车空气制动装置进行充气增压外，并同时采取其他方式使列车管加快充气。局部增压作用原理：当列车管增压、制动缸排气缓解时，利用即将排入大气的制动缸压力空气作为控制力源，去推动加速缓解阀中的橡胶膜板，通过顶杆顶开橡胶夹芯阀，使加速缓解风缸的压力空气充入列车制动主管。列车管由于得到局部增压，增压速度加快，促使列车后部的车辆加速缓解。

55. 检车员对区间热轴故障应如何判别？

答：列车途中发生热轴故障预报时，应先调阅轴温探测数据和热轴预报波形，经判定属设备故障、阳光干扰等因素造成的热轴预报，可不通知列车停车检查，但须对该预报热轴至少跟踪监控3个红外线轴温探测站，并确认轴温温升正常；不能判定的热轴预报，强热按规定程序通知在前方站停车检查，激热按规定程序通知立即停车检查，经检查鉴定须甩车换轮但仍能维持短距离运行时，可根据现车轴承实际情况，限速并监控运行至就近车站甩车换轮处理。

56. 车辆发生脱轨故障时应做哪些基本调查？

答：(1)脱轨车轮轮缘内、外侧距离，轮缘厚度，圆周磨耗深度及垂直磨耗状态，脱轨当时运行速度；由轮缘爬上钢轨至脱轨及由脱轨至停车的距离，出轨处及其前后轨距、坡度、曲线半径及加宽、超高状态，线路水平、路基、道床、轨枕、钢轨、辙叉、岔尖及护轮轨的状态，以及有关人员反映的情况等。(2)各车辆段应对事故配件妥善保管，事故责任未经落实者，不得自行处理。

57. 车辆发生车轴折断时应做哪些基本调查？

答：(1)发生车轴折断时应调查：轴型、轮座、轴颈、防尘板座、轴中央部等有关尺寸，折损位置及新旧痕扩展情况，制造年月及工厂、车轴号码、全面检验日期及地点等情况。必要时应拍摄照片，并判断原因，提出处理意见，通知有关局、段、厂来人共同确认。(2)各车辆段应对事故配件妥善保管，事故责任未经落实者，不得自行处理。

58. 制动缸的活塞行程过长、过短对制动力有什么影响？

答：制动力的大小，取决于制动缸内的空气压力。制动缸内空气压力又与制动缸容积有关，而制动缸活塞行程的长短又影响到制动缸的容积。活塞行程过长，制动缸容积增大，空气压力就减小，制动力就弱。活塞行程过短，制动缸容积减小，空气压力就增大，制动力过强。

59. 在现场作业时调整车钩高度有哪些方法？

答：(1)对于车轮踏面磨耗的可以换大直径轮对。(2)上、下心盘磨耗及其垫板变形、过厚时，可换上、下心盘或其垫板。(3)可更换转向架的承载弹簧或添加弹簧垫板。(4)在车钩托梁加垫板。(5)车钩上挠、下垂，变形严重时，可加修车钩或更换车钩。(6)在轴箱上部加轴箱垫板。

60. 试述车轮的主要故障及预防措施。

答：常见故障有：踏面擦伤、剥离、踏面外侧缺损、轮缘厚度磨耗过快、轮缘裂纹等。预防措施：列检加强作业过程，认真检查，全面发现车轮故障。如发现车轮故障要认真检测，按规定处理，切勿随意放行，并彻底消除有关制动故障；厂、段修要按标准加修，以减少不合理的轮轨磨耗，设计部门要不断改进轮缘配合关系和采用新材料，以提高车轮使用寿命。

61. 客列检对通过旅客列车的技术检查作业范围有哪些？

答：(1)在列车尾部与车辆乘务员进行车辆技术状态交接。(2)执行《铁路客车运用维修规程》"车辆摘挂"部分的有关规定。(3)车钩、软管、风挡及各电气连接线的连接状态。(4)车轮有无缺损、踏面剥离、擦伤及局部凹入超限情况。(5)摇枕悬吊装置、基础制动装置、车下各箱体等配件有无折损、脱落、变形。(6)车辆有无车体倾斜超限、弹簧压死、走行部零部件与车体顶抗磨碰。(7)钢弹簧有无折损，空气弹簧有无破损、漏泄。(8)处理 TVDS、THDS 和车辆乘务员预报的故障。(9)按规定进行制动机简略试验。

62. 转 K2 型转向架的特点是什么？

答：转 K2 型转向架属于带变摩擦减振装置的新型铸钢三大件式货车转向架，最高运行速度为 120 km/h，采用了以下新技术和新结构：(1)采用侧架下弹性交叉支撑装置，使 2 个侧架在水平面内实现弹性交叉连接。(2)中央悬挂系统采用两级刚度悬挂设计。(3)采用双作用常接触滚子旁承结构。(4)采用针状铸铁斜楔等耐磨材料，提高了减振装置使用寿命。(5)加设心盘磨耗盘。(6)主要摩擦副均采用耐磨件。

63. 转 K3 型转向架的特点是什么？

答：转 K3 型转向架主要用于对运行速度和运行品质要求较高的货车。该转向架采用整体构架、轴箱一系悬挂、轮对纵横向弹性定位、弹性常接触旁承等先进技术、具有较高的临界速度。在 120 km/h 速度范围内具有优良的运行品质，其最高线路试验速度达 140 km/h。该转向架由 H 形整体焊接构架、轴箱弹簧悬挂装置、轮对、弹性常接触式旁承及基础制动装置等组成。采用球面心盘、高分子磨耗板、高摩合成闸瓦及单侧斜楔减振装置，在与斜楔相对的导框中，加设了纵向定位弹簧。该转向架具有抗菱刚度高，安全、可靠，便于通过曲线，维修费用低等优点。

64. 试述对实际运用中旋压密封式制动缸的故障分析和判断。

答：制动缸的故障主要有三类，分别是制动缸不起制动作用、制动缸缓解不到位和制动缸出现漏泄。(1)制动缸制动时不起制动作用：当发现现场运用的制动缸出现该现象时，首先最可能的是橡胶密封圈出现故障，其次就分解检查活塞是否出现质量问题，活塞如果出现质量问题可导致橡胶密封圈出现偏磨，同时检查是否活塞有裂纹。(2)制动缸缓解不到位：首先要检查基础制动装置是否别劲和卡滞，排除基础制动装置的问题后，那么就可能是制动缸的弹簧出现质量问题，弹簧的刚度不满足要求。(3)制动缸出现漏泄：解体检查，看制动缸内壁、活塞及皮碗是否有质量问题。

65. 转 K4 型转向架的特点是什么?

答:转 K4 型转向架是在原型摆动式转向架的基础上进行改进设计的新型快速转向架。主要特点有以下几个方面:(1) 结构上属于铸钢三大件式转向架,悬挂系统为二系摇枕弹簧和一系的摆动机构的组合,垂向、横向都具有两级刚度特性,大大增加了车辆的横向柔性,降低了轮轨间的磨耗,提高了车辆的运行品质。(2)摆动式转向架摇枕挡位置下移,使侧滚中心降低,对侧滚振动控制加强,加之振摆转动中心降低,有效地减小了爬轨和脱轨的可能性,尤其是对高重心的货车,大大提高了其防脱轨安全性。(3)采用高分子磨耗板,弹性常接触式旁承和新型制动梁,具有较高的耐久性和可靠性。

66. 转 K5 型转向架的特点是什么?

答:转 K5 型转向架是具有摆动式的转向架,特点如下:(1)结构上属于铸钢三大件式转向架,具有结构简单、车轮均载性好、检修维护方便等优点。(2)该转向架采用了类似于客车转向架的摇动台摆式机构,使转向架横向具有两级刚度特性,大大增加了车辆的横向柔性,提高了车辆的横向动力学性能,降低了轮轨间的磨耗,提高了车辆的运行品质。(3)摆动式转向架摇枕挡位置下移,使侧滚中心降低,对侧滚振动控制加强,有效地减小了爬轨和脱轨的可能性,尤其是对高重心的货车,大大提高了其防脱轨安全性。(4)该转向架具有较高的耐久性和可靠性。

67. 转 K6 型转向架的特点是什么?

答:转 K6 型转向架主要有以下特点:(1)转 K6 型转向架系铸钢三大件式转向架。一系悬挂采用轴箱弹性剪切垫;二系悬挂采用带变摩擦减振装置的中央弹簧悬挂系统,摇枕弹簧为二级刚度。(2)两侧架之间加装侧架弹性下交叉支撑装。(3)采用直径为 375 mm 的下心盘,下心盘内设有含油尼龙心盘磨耗盘。(4)采用 JC 型双作用常接触弹性旁承。(5)装用 25 t 轴重双列圆锥滚子轴承,采用轻型新结构 HEZB 型铸钢车轮或 HESA 型辗钢车轮。(6)基础制动装置为中拉杆式单侧闸瓦制动装置,采用 L-A 型或 L-B 型组合式制动梁及新型高摩合成闸瓦。

68. 在列检作业场现场作业时对车轮踏面剥离是如何测量的?

答:测量车轮踏面剥离长度时,沿车轮圆周方向测量其最长处的尺寸即为踏面剥离长度。列检测量时规定如下:(1)两边宽度不足 10 mm 的剥离尖端部分不计算在内。(2)长条状剥离其最宽处不足 20 mm 的亦不计算在内。(3)两块剥离边缘相距小于 75 mm 时,每处长不得超过35 mm;多处小于 35 mm 的剥离,其连续剥离总长度不得超过 350 mm。(4)剥离前期未脱落部分可不计算在内。

69. 车辆发生制动缓解不良时应重点调查哪些内容?

答:发生车辆制动机缓解不良调查记载的主要内容有:(1)利用本务机车试验制动机作用,

了解司机的制动操纵情况。(2)缓解不良车及前、后三辆车的自然漏泄情况以及全列车的自然漏泄情况。(3)手闸是否紧固,空重调整装置、安全阀是否良好。(4)闸瓦有无异常磨损、变色和车轮擦伤情况。(5)活塞筒、各杠杆、拉杆有无弯曲、抗扭摩擦情况。(6)三通阀、分配阀、控制阀排风口有无自然漏风情况,通风试验、分解检查情况。(7)三通阀、分配阀、控制阀型式及检修日期、地点、单位。(8)各阀混编情况。

70. 列车运行至区间发生制动主管顺裂造成停车时应如何进行处理?

答:如列车在区间发生制动主管顺裂,造成中途停车,应立即奔赴出事地点,观察主管顺裂情况及排风量大小后关闭本车两端折角塞门,然后与司机、车站值班员或行车调度联系,经同意就地处理后,插好安全防护信号,然后再找一块比主管顺裂纹长 15～20 mm 的胶皮,拿至故障车处,将胶皮垫在裂纹处(如无胶皮找一块厚垫布也可),然后把闸瓦插销砸直平放到顺裂纹上方,用两条 U 形螺栓及螺母紧固或铁丝缠绕。处理完毕后先开放前端折角塞门(要缓慢开),观察是否漏风,如无漏泄或漏泄量不超过规定时,再开放后部折角塞门。

71. 若轮缘过薄,当轮对通过道岔时为什么容易爬上钢轨?

答:因为道岔的曲线半径比较小,又不超高;当轮对通过道岔时,由于离心力的作用,使轮缘承受较大的横压力;此外,尖轨的尖端处上平面低于基本轨。因此,当轮对通过道岔时尖轨与轮缘的顶部接触,而轮缘顶部比较平坦,故在轮对承受较大横压力的情况下,轮缘顶部很容易往尖轨上爬。如果轮缘有足够的厚度,轮缘外侧则将被基本轨挡住,不会使轮缘顶点爬上尖轨顶端。否则,就有可能使轮缘顶点爬上尖轨顶部而造成车辆脱轨事故。目前规定轮缘厚度的运用限度是 23 mm,轮缘外侧部分至轮缘顶点距离为 6 mm。如果尖轨尖端部分的厚度为 3 mm,而尖轨尖端与基本轨之间由于受轮对通过尖轨时挤压基本轨的影响而产生 2 mm 的间隙,则两者相加为 5 mm,小于轮缘外侧与轮缘顶点间的距离,这样轮缘顶点就不会爬上尖轨。

72. 简述人机分工 TFDS 动态检车员对基础制动装置及制动缸前后杠杆的检查范围及质量标准。

答:制动梁梁体、支柱无折断,支柱夹扣螺母无丢失,闸瓦托下铆钉无丢失,制动梁、制动梁安全链无脱落;闸瓦无折断、丢失,磨耗不超限,闸瓦插销安装位置正确,闸瓦插销环无丢失;基础制动装置的各拉杆、杠杆、圆销及开口销无折断、丢失,固定杠杆支点座、固定杠杆支点、固定杠杆支点链蹄环、制动缸后杠杆支点及圆销、开口销无折断、丢失,拉铆销套无丢失,拉杆、杠杆吊架无折断、脱落,制动缸后杠杆支点组装螺母无丢失;固定杠杆支点座拉铆钉无丢失;下拉杆安全吊或索无脱落、丢失。

73. 简述人机分工 TFDS 动态检车员对车钩缓冲装置的检查范围及质量标准。

答:钩体、牵引杆、钩尾框无折断;钩舌销无折断、丢失,钩舌销开口销无丢失;钩锁锁腿无折断,下锁销组成配件无丢失、脱落;钩提杆及复位弹簧无折断、丢失;从板无折断、丢失,从板座、缓冲器无破损；安全托板、钩尾框托板、钩尾销托梁螺母、开口销无丢失；钩尾销插托无错位，螺母无松动、丢失；钩尾销及安全吊螺母无松动、丢失，13号、13A型钩尾框安全吊螺栓开口销无丢失，13B型钩尾框钩尾销螺栓开口销无丢失；车钩托梁无折断，螺栓、螺母无丢失；钩体支撑座、钩尾框托板、钩尾销托梁、从板、缓冲器箱体含油尼龙磨耗板无窜出；钩体支撑座止挡铁及螺母或铆钉无丢失；车钩防跳插销及吊链无丢失，车钩防跳插销插设良好（到达作业故障时现场可不处理）。

74. 简述人机分工 TFDS 动态检车员对摇枕、侧架、一体式构架、副构架的检查范围及质量标准。

答：摇枕、侧架、一体式构架、副构架无折断；下心盘螺栓无折断，螺母及开口销无丢失；心盘无脱出；交叉支撑装置盖板及交叉杆体无折断、明显变形，扣板螺栓、铆钉无丢失，安全索无丢失，交叉杆端部螺栓无丢失；轴箱、摇枕弹簧无折断、窜出、丢失；转向架弹簧托板、折头螺栓无折断、螺母及开口销无丢失。横跨梁无折断，螺母及开口销无丢失。

75. 简述人机分工 TFDS 动态检车员对车体部分的检查范围及质量标准。

答：(1)横梁无折断；铁路货车车号自动识别标签无丢失。(2)防火板无脱落、丢失；端板或渡板无脱落、丢失；地板、浴盆板无破损，罐车下卸式排油管、加热管及盖无脱落。(3) TFDS具备车体检查功能时还应检查：车门滑动轨道无折断，车门滑轮无脱出轨道；车门及车窗无脱落、丢失；车门折页及座无折断，圆销无丢失；车门锁闭装置配件无破损、丢失；墙板、门板无破损；罐车卡带无折断；脚蹬、车梯扶手及车端护栏无折断、丢失。

76. 简述人机分工 TFDS 动态检车员对空气制动装置的检查范围及质量标准。

答：制动缸、副风缸、加速缓解风缸、容积风缸、降压风缸无脱落、丢失，吊架无脱落；制动阀防盗罩无脱落；制动主管、支管、连接管无折断，卡子及螺母、法兰螺母无丢失；空重车自动调整装置限压阀、调整阀无丢失，横跨梁无折断，螺母及开口销无丢失；制动软管、远心集尘器及组合式集尘器、缓解阀无丢失，制动软管连接状态良好，制动软管吊链无丢失，挂钩与制动软管无脱出，制动软管堵及吊链无丢失；缓解阀拉杆、空重车调整杆无折断、脱落、丢失；缓解阀拉杆开口销无折断、丢失，吊架无脱落；折角塞门、直端塞门手把无关闭（列尾端未挂列尾装置的除外），截断塞门手把无关闭，折角塞门、直端塞门手把及卡子无丢失；闸调器无破损，闸调器螺杆连接螺母防松垫圈及开口销无丢失；脱轨自动制动装置拉环无脱落，拉环无丢失，塞门手把无关闭（中转作业故障时现场可不处理）；集成制动装置闸调器控制杆螺母及锁紧螺母无丢失，制动缸连接软管无脱落，制动缸安装拉铆销套环无丢失。

77. 试述列车队中更换 17 型车钩钩舌推铁作业过程。

答：检车员发现 17 型车钩钩舌推铁故障后要通知工长（或工长安排人员）携带勾引、手锤、同型号车钩推铁，将工具、材料送至作业位置。先提开车钩，用手锤和勾引卸除钩舌销开口销，取下钩舌销放置到钢轨外侧。双手搬下钩舌，分解钩锁铁及锁销，取出钩锁铁和钩舌推铁，严禁抛扔配件。选取新钩舌推铁，依次装入，正确连接锁铁与锁销。装入钩舌，钩舌销，开口销，开口销双向劈开角度不小于60°。试验车钩“三态”作用良好；同时，需使用车钩样板检测车钩闭锁、全开位尺寸限度符合运用限度。工长复查维修质量，开口销安装良好，车钩“三态”作用良好，通知值班员故障处理完毕。对于分钩车列还须由值班员通知车站合车。回收工具及不良配件，列队归所。

78. 在列检作业场现场作业时如何使用LLJ-4D型第四种检查器测量踏面擦伤深度？

答：(1)按规定插设安全防护信号，在沿途车站调查处理车辆故障使用时，将红旗(或红灯)插挂在车端部。要求红旗无破损、污迹，旗面展开；红灯明亮。(2)将定位角铁与车轮内侧面密贴，并使轮辋宽度测头与车轮踏面接触。(3)推动轮辋宽度测尺尺框，使其测头落入擦伤最深处，测量此处轮缘高度值记作 h_1。(4)测量同一圆周未擦伤处，轮缘高度值记作 h_2，擦伤深度为 h_1-h_2 的差值。(5)测量完毕后撤除安全防护信号。要求轻拿轻放、不磕碰检查器；测试完后，按规定恢复原状并放置在规定位置。

79. 在列检作业场现场作业时如何使用LLJ-4D型第四种检查器测量车轮轮辋宽度？

答：(1)按规定插设安全防护信号，在沿途车站调查处理车辆故障使用时，将红旗(或红灯)插挂在车端部；要求红旗无破损、污迹，旗面展开；红灯明亮。(2)移动轮辋测尺尺框，使定位销落入销孔内，然后锁紧其锁紧螺钉。(3)将定位角铁与车轮内侧面密贴，并使轮辋宽度测头与车轮踏面接触。(4)推动轮辋宽度测尺尺框，使其测量头与车轮外侧面贴靠，从游标中读取轮辋宽度值。如果踏面有辗宽，应减去辗宽值。(5)测量完毕后撤除安全防护信号。要求轻拿轻放、不磕碰检查器；测试完后，按规定恢复原状并放置在规定位置。

80. 货物列车中关门车的编挂有哪些规定？

答：因装载的货物规定需停止制动作用或自动制动机临时发生故障的铁路货车，准许关闭截断塞门(简称关门车)。关门车在列车中的编挂规定如下：(1)列检作业场所在车站编组始发的列车，不得有制动故障关门车。(2)编入列车的关门车数不超过现车总辆数的6%(尾数不足1辆时按四舍五入计算)时，可不计算每百吨列车质量的换算闸瓦压力，不填发“制动效能证明书”；超过6%时，按《铁路技术管理规程(普速铁路部分)》规定计算换算闸瓦压力，并填发“制动效能证明书”交司机。(3)关门车不得挂于机车后部3辆车之内；在列车中连续连挂不得超过2辆；列车最后一辆不得为关门车；列车最后第二、第三辆不得连续关门。关门车须排净副风缸的压缩空气。(4)组合的重载列车中每个单元列车的关门车数量和编挂位置均须符合上述规定。

81. 铁路货车脱轨自动制动装置的基本结构有哪些？

答：铁道货车防脱轨自动制动装置（简称脱轨制动装置）是在车辆原有的空气制动系统

制动主管上增加两个支架支路，不影响原空气制动系统工程的性能。脱轨制动装置由铁道货车脱轨自动制动阀（简称脱轨制动阀）、球阀、三通和管路等组成。脱轨制动阀是脱轨制动装置的核心部件，每根车轴处安装一套。车辆脱轨时，制动阀杆被打断，制动主管与大气连通，致使列车发生紧急制动。在制动主管与脱轨制动阀的连接管路中安装一个不锈钢球阀，用于在车辆脱轨或脱轨制动阀发生故障时截断脱轨制动装置支路。

82. LM 型车轮踏面形状较 TB 型车轮踏面形状的优越性有哪些？

答：（1）增加了轮缘高度，提高了防脱轨性能和安全通过道岔的可靠性。（2）改善了轮缘外侧与钢轨头部侧面的配合关系从而减少了轮轨磨耗。（3）改善了踏面中部的圆弧过渡关系而减少了踏面圆周磨耗。（4）改善了踏面锥度及外侧倒角，从而提高了通过曲线的圆顺性和通过道岔时的安定性，降低了直线运行的蛇行幅度。（5）由于减少了轮轨磨耗，从而减少了加修时的切削量，并提高了使用寿命。

83. 什么叫轮对的蛇行运动？产生蛇行运动的原因及其对车辆有哪些影响？

答：轮对在直线上以不同直径的滚动圆作滚动时，车轮就会不断地作横向摆动，这种横向摆动称为蛇行运动。蛇行运动与车轮踏面锥度有关。因为踏面具有 1/20 锥度，故只有当轮对锥度的基本点严格地位于线路中心线上，而且轮对的轴线垂直于线路中心线时，则两车轮踏面直径相同，轮对才能做直线运动。实际上由于各种因素的影响，轮对总会出现横向偏移，两轮就可能以不同直径的踏面圆在钢轨上滚动。两轮行程不等，轴线则偏斜，这样又改变了踏面圆直径，然后轮对又偏向另一侧。如此反复延续下去，轮对中心的运动轨迹就成为一条波形曲线，即轮对蛇行运动。蛇行运动的存在，使车轮踏面易得到较均匀的磨耗。但在剧烈的蛇行运动中，车轮轮缘和钢轨相碰，增加了运行阻力，可能挤开钢轨而造成脱轨事故。另外，由于横向摆动恶化，还将影响到车辆运行速度提高。

84. 轮对组装不良而引起车辆脱轨或倾覆的主要原因有哪些？

答：（1）轮对两车轮内侧距离超差，无论大或小均与轨距不匹配而易在行车中脱轨。（2）轮对的轮位差超过规定要求，使轴承装置横向错位，增大轴向力而导致热切轴和车辆脱轨或倾覆事故。（3）轮轴压装力或压装曲线不符合规定要求，使轮轴实际组装结合力不足，导致车轮在行车中发生轴向位移而脱轨。（4）同一轮对选配两车轮直径之差超过规定要求，使车轮在运行中发生严重挤压轨道的现象而导致脱轨。

85. 铁道车辆在运用中各零部件承受哪些基本载荷？

答：铁道车辆在运用中，各零部件上承受着复杂的载荷。一般来讲，这些载荷可以归纳为静载荷和动载荷两大类。静载荷在运用中具有确定不变的数值，如车辆的载重和自重，散粒货物的静侧压力以及液体（或气体）对罐体的压力等。动载荷是指在运用中数值甚至方向都随时间变化的载荷，其中包括：（1）由于垂直冲击和簧上振动所产生的垂向载荷。（2）车辆之间由于列车起动、制动和调车作业所产生的沿车钩中心线作用的纵向载荷。(3)侧向作用的风力。(4)通过曲线时产生的附加载荷和轮轨之间的相互作用力。

86. 试述转 8A 型转向架侧架"凹"字检查视线流程。

答:车体地板→侧架→承载鞍→轴承→车轮→闸瓦及闸瓦插销→制动梁→侧架→车体地板→侧架→斜楔→摇枕→摇枕弹簧→侧架→摇枕弹簧→摇枕→侧架→车体地板→侧架→制动梁→闸瓦及闸瓦插销→车轮→轴承→承载鞍→侧架→车体地板。(单侧)

87. 试述转 8AG、转 8G、转 K2、转 K6 型转向架侧架"凹"字检查视线流程。

答:车体地板→侧架→承载鞍→轴承→挡键→车轮→交叉支撑装置→闸瓦及闸瓦插销→侧架→车体地板→侧架→斜楔→摇枕→摇枕弹簧→侧架→摇枕弹簧→摇枕→斜楔→侧架→车体地板→侧架→闸瓦及闸瓦插销→交叉支撑装置→车轮→挡键→轴承→承载鞍→侧架→车体地板。(单侧)

88. 试述转 K4、转 K5 型转向架侧架"凹"字检查视线流程。

答:车体地板→侧架→承载鞍→轴承→挡键→车轮→闸瓦及闸瓦插销→制动梁→侧架→车体地板→侧架→摇枕→斜楔→摇枕弹簧→弹簧托板→侧架→摇枕弹簧→摇枕→斜楔→侧架→车体地板→侧架→制动梁→闸瓦及闸瓦插销→车轮→挡键→轴承→承载鞍→侧架→车体地板。(单侧)

89. 试述车钩缓冲部位"e"字检查视线流程。

答:从板座→缓冲器→钩尾框→钩尾框托板→牵引梁→从板→钩尾销→钩托梁→钩体→钩锁→钩舌销→制动软管→钩托梁→钩尾销→从板→牵引梁→钩尾框托板→钩尾框→缓冲器→从板座→车轮→车体地板→折角塞门→端梁→人力制动机轴链→人力制动机滑轮→人力制动机拉杆→车体地板→车轮→车体地板→折角塞门→端梁→人力制动机轴链→人力制动机滑轮→人力制动机拉杆→车体地板→脱轨自动装置→车轮。

90. 试述铁路货车底架中部(120 型制动机)"三"字检查视线流程。

答:流程(一):车轮→车体地板。车体地板→车号自动识别标签→制动缸前杠杆及托架→闸调器。车轮→车体地板→人力制动机拉杆、链、吊架→附加杠杆及托架→制动缸→车体地板。流程(二):车体地板→连接管→副风缸→车轮。车体地板→制动缸后杠杆→上拉杆→截断塞门及远心集尘器。车体地板→120 型控制阀→加速缓解风缸→降压风缸→车轮。

91. 试述转 8A 型转向架"8"字检查视线流程。

答:车轮→闸瓦及闸瓦插销→闸瓦托→制动梁端轴→摇枕弹簧→制动梁安全链→制动梁梁体→下拉杆及圆销、开口销移动杠杆→制动梁支柱及圆销、开口销→上拉杆及圆销、开口销→下心盘螺栓→制动梁梁体→安全吊→制动梁梁体→制动梁安全链→车轮→闸瓦及闸瓦插销→闸瓦托→制动梁端轴→摇枕弹簧→摇枕→摇枕弹簧→制动梁端轴→闸瓦及闸瓦插销→闸瓦托→车轮→制动梁安全链→制动梁梁体→下拉杆及圆销、开口销→固定杠杆→制动梁支柱及圆销、开口销→固定支点圆销、开口销→下心盘螺栓→制动梁梁体→安全吊→制动梁梁体→制动梁安全链→摇枕弹簧→制动梁端轴→闸瓦托→闸瓦及闸瓦插销→车轮。

92. 试述转 K4、转 K5 型转向架"8"字检查视线流程。

答:车轮→闸瓦及闸瓦插销→闸瓦托→制动梁端轴→摇制动梁梁体→制动梁安全链→固定支点圆销、开口销→固定杠杆→中拉杆及圆销、开口销→上制动梁支柱及圆销、开口销→制动梁支柱夹扣→下心盘螺栓→脱轨制动装置→制动梁梁体→制动梁安全链→车轮→闸瓦及闸瓦插销→闸瓦托→制动梁端轴→摇枕弹簧→摇枕→摇枕弹簧→制动梁端轴→闸瓦及闸瓦插销→闸瓦托→车轮→制动梁梁体→制动梁安全链→上拉杆及圆销、开口销→移动杠杆→中拉杆及圆销、开口销→制动梁支柱及圆销、开口销→制动梁支柱夹扣→下心盘螺栓→脱轨制动装置→制动梁梁体→制动梁安全链→制动梁端轴→闸瓦托→闸瓦及闸瓦插销→车轮。

93. 试述转 8AG、转 8G、转 K2、转 K6 型转向架"8"字检查视线流程。

答:交叉杆→摇枕弹簧→闸瓦及闸瓦插销→车轮→安全索→制动梁端轴→固定支点及圆销、开口销→制动梁支柱及圆销、开口销→中拉杆及圆销、开口销→制动梁支柱夹扣→下心盘螺栓→制动梁梁体→交叉杆扣板螺栓→车轮→闸瓦及闸瓦插销→闸瓦托→安全索→制动梁端轴→交叉杆→摇枕弹簧→摇枕→摇枕弹簧→交叉杆→闸瓦托→闸瓦及闸瓦插销→车轮→安全索→制动梁端轴→上拉杆及圆销、开口销→中拉杆及圆销、开口销→制动梁支柱及圆销、开口销→制动梁支柱夹扣→下心盘螺栓→制动梁梁体→交叉杆扣板螺栓→车轮→闸瓦及闸瓦插销→闸瓦托→安全索→制动梁端轴→摇枕弹簧→交叉杆。

94. 在列检作业场现场作业时如何使用轮对直径尺检查轮对内距?

答:(1)按规定插设安全防护信号,在沿途车站调查处理车辆故障使用时,将红旗(或红灯)插挂在车端部;要求红旗无破损、污迹,旗面展开;红灯明亮。(2)测量轮对直径时,两手握住测量器两端的构架部位,放置被测车轮上,定位架与车轮基准端面靠紧,两手轻轻下压至两测量块均与车轮踏面接触即可;从指示表中读出直径值。(注:两测量块是测量器的关键部位、不得拆动,以免影响测量准确度)。(3)测量完毕后撤除安全防护信号。要求轻拿轻放,不磕碰轮对直径尺;测试完后,按规定恢复原状并放置在规定位置。

95. 列车在中途区间发生制动梁脱落时,应如何处理?

答:列车在中途区间发生制动梁脱落造成临时停车时,应立即奔赴出事地点,观察并查找制动梁脱落的原因,然后插好安全防护信号通知司机严禁动车,必要时设专人瞭望,然后返回出事地点。首先关闭截断塞门,然后卸下该车和邻车的两条人力制动机链,用人力制动机链将脱落制动梁绕紧，并将螺栓及母紧固好，再将人力制动机链另一端（带螺栓端）用螺栓穿于摇枕上，安全链孔内将螺栓用螺母紧固好，将制动梁吊起，使其停止制动作用。如果附近有较粗铁丝可直接将制动梁捆绑在安全链孔处即可。如果制动梁脱落造成制动梁弯曲变形时，以上方法解决不了，可直接将制动梁拆除，放于车内使其停止制动作用。

96. 在列检作业场现场作业时如何修复闸瓦托磨损？

答：（1）关闭故障车辆的截断塞门，排尽副风缸风压（截断塞门手把必须关到位，手把与塞门成 90°，手把中心线距到位点的角度不得大于 15°）。（2）用手拉动缓解阀拉杆排尽副风缸余风。（3）撬开闸瓦托使之离开车轮踏面。（4）用手锤和扁铲配合清除闸瓦托上的熔渣。（5）安装良好闸瓦（使用有生产资质厂家的原形闸瓦，瓦背上的闸瓦型号及生产厂家代码标记端，安装在制动梁闸瓦托的上瓦背须与闸瓦托四爪接触）；安插闸瓦插销（闸瓦插销穿入闸瓦托与闸瓦的插销孔内正位入底，底部环眼孔露出闸瓦托底部，敞车须安装闸瓦插销环）；质量检查（禁止高、低摩合成闸瓦互换安装使用，同一制动梁两端闸瓦厚度差不超限）。（6）打开截断塞门（扳动截断塞门手把使之与支管平行，手把中心线距到位点的角度不得大于 15°）。

97. 车辆发生故障或事故时车辆段调查人员到达现场后应调查哪些内容？

答：车辆段调查人员到达事故或故障发生地点后，须进行全面调查，并及时逐级汇报概况，主要内容包括：（1）发生时间、地点、车次、始发车站，列车运行正点时分、晚点时分及甩车时间，前方列检作业情况，本铁路局集团公司沿途铁路货车运行安全监控系统探测和监测情况，以及运行、沿途甩挂情况。（2）编组辆数、故障铁路货车的车种车型车号、定检、编挂位置、货物装载、破损部件名称、部位及破损程度，热轴故障还应记录滚动轴承标志板内容、轮轴技术状态等。（3）有关作业记录、台账资料、管理制度等。

98. 通过作业 TFDS 动态检查范围和质量标准包括哪些内容？

答：（1）滚动轴承轴箱无破损；轴承前盖、轴端螺栓无丢失；承载鞍无错位。（2）摇枕、侧架、一体式构架、副构架无折断；心盘无脱出；交叉支撑装置盖板及交叉杆体无折断，交叉杆端部螺栓无丢失；轴箱、摇枕弹簧无丢失。（3）钩尾框无折断；钩提杆无脱落；钩尾销插托无错位，螺母无丢失；钩尾销安全吊螺栓、螺母无丢失；车钩托梁无折断；安全托板、钩尾框托板、钩尾销托梁无脱落。（4）折角塞门、直端塞门手把无关闭（列尾端未挂列尾装置的除外）。（5）制动缸、副风缸、加速缓解风缸、容积风缸、降压风缸、缓解阀拉杆、脱轨自动制动装置拉环无脱落。（6）制动梁、上拉杆、下拉杆无折断、脱落；制动梁支柱圆销、开口销、拉铆销套环无丢失；下拉杆圆销、开口销无丢失。（7）人力制动机轴链、折叠式人力制动机轴无脱落。（8）车门、端板、渡板无脱落；重车地板、浴盆板破损故障不影响行车安全。

99. 在列检作业场列车队中对相互连挂的两车钩互钩差过限时如何调整？

答：（1）测量车钩高度，计算出需增加钩托梁磨耗板的厚度，选择合适的钩托梁磨耗板。

(2)铺设木质镐垫。架镐(顶镐须放置在车钩下平面处,平稳无倾斜,镐顶须垫防滑木垫),关闭顶镐油门。(3)用千斤顶顶起车钩(起升要缓慢,用力须均匀,不得超过安全线),放置钩托梁磨耗板(用手钳夹上垫板,放入在钩托梁上方,不得用手放入,装入的垫板正位不得倾斜)。缓慢开启油门,平稳落下千斤顶。(4)取出油镐及垫木,测量车钩高度符合标准;落成检查质量。(5)连接车钩,确认两连接车钩互钩差不大于 75 mm。

100. 按照货物列车的作业性质可分为哪些作业?

答:货物列车的作业性质分为到达作业、始发作业、中转作业、通过作业。(1)到达作业:指对列检作业场所在车站到达列车进行的作业,实行人机分工检查方式,对铁路货车执行"人机分工 TFDS 动态检查范围和质量标准"和"到达列车人机分工人工检查范围和质量标准";列检作业场接入列车进路无 TFDS 的,实行人工检查方式,对铁路货车按"人机分工 TFDS 动态检查范围和质量标准"和"到达列车人机分工人工检查范围和质量标准"范围执行。(2)始发作业:指对列检作业场所在车站始发列车进行的作业,实行人工检查方式,对铁路货车执行"始发列车检查范围和质量标准"。(3)中转作业:指对列检作业场所在车站且处在列检作业安全保证距离位置上的中转列车进行的作业,实行人机分工检查方式,对铁路货车执行"人机分工 TFDS 动态检查范围和质量标准"和"中转列车人机分工人工检查范围和质量标准";列检作业场接入列车进路无 TFDS 的,实行人工检查方式,对铁路货车执行"始发列车检查范围和质量标准";对加挂的铁路货车,实行人工检查方式,执行"始发列车检查范围和质量标准"。(4)通过作业:指对上述情况以外的货物列车,利用 TFDS 进行的作业,实行动态检查方式,对铁路货车执行"通过作业 TFDS 动态检查范围和质量标准"。

S1　TFDS 动态一列作业(货车)

一、考核准备

1. 硬件准备

序　号	材料名称	配置要求	数　量	备　注
1	动态服务器	CPU4 核以上、内存 16 G 以上、硬盘 2 块 300 G 以上	1 台	
2	动态检查终端电脑	CPU4 核以上、内存 4 G 以上、硬盘 1 块 80 G 以上	10 台	
3	操作台	1 200 mm×1 000 mm	1 张/人	

2. 软件准备

序　号	软件名称	系统要求	考试软件	数　量	备　注
1	动态服务器	Windows Server 2016	Oracle 数据库、TFDS 作业平台、动态考试软件	1 台	
2	动态检查终端电脑	Windows 7	IE8. 0 版本、动态考试软件	10 套	

3. 考场准备

要求选用专用考试场地或适宜的动态检车现场作为考场；考场应符合技能鉴定有关规定；考场环境须符合相关规章制度、工艺要求、作业指导书的规定。

4. 考生准备

防护服装、臂章、准考证、身份证等。

二、技术要求

1. 按照铁路货车 TFDS 一列作业标准流程作业。
2. 执行货车动态故障鉴定及处理方法。

三、考核要求

1. 遵守考场纪律和考核时间。
2. 按照作业要求做好各项准备工作。
3. 按规章要求由认定人独立完成。
4. 全面准确发现故障，故障件数为 10 件。

四、考核时限

1. 准备时间：3 min。
2. 正式操作时间：15 min。

五、考核评分

1. 考评员 3 名。
2. 评分要点见考核评分记录表。
3. 评分程序及规则：考评员根据考生操作情况对照标准答案在评分表上给予记录评分。
4. 算分方法：采用百分制，满分 100 分，60 分以上为及格。

六、考核评分记录表

单位：________ 姓名：_____ 性别：______ 准考证号：_______ 工种：______ 级别：______

试题名称：TFDS 动态一列作业（货车）

考核时间：15 min

操作开始时间：　时　分　　　　操作结束时间：　时　分

<table>
<tr><th>项　目</th><th>考核内容及评分标准</th><th>扣分因素及扣分</th><th>得　分</th></tr>
<tr><td rowspan="2">作业准备
5 分</td><td>1. 按规定着工作服，佩戴臂章。2 分</td><td></td><td rowspan="2"></td></tr>
<tr><td>2. 检查工具、材料、设备齐全良好。3 分</td><td></td></tr>
<tr><td rowspan="4">作业程序
25 分</td><td>1. 正确登录操作账号，对货车图片进行作业检查。5 分</td><td rowspan="4"></td><td rowspan="4"></td></tr>
<tr><td>2. 对预设故障进行鉴定。10 分</td></tr>
<tr><td>3. 对检车监控进行检查。5 分</td></tr>
<tr><td>4. 作业结束后退出系统界面并关机。5 分</td></tr>
<tr><td>作业质量
60 分</td><td>每发现一件故障加 6 分（发现故障时在相应序号下方空格内画“√”未发现故障时画“×”）。60 分
<table><tr><td>1</td><td>2</td><td>3</td><td>4</td><td>5</td></tr><tr><td></td><td></td><td></td><td></td><td></td></tr><tr><td>6</td><td>7</td><td>8</td><td>9</td><td>10</td></tr><tr><td></td><td></td><td></td><td></td><td></td></tr></table></td><td></td><td></td></tr>
<tr><td>考核时间</td><td>考试软件采用倒计时模式，15 min 自动交卷</td><td></td><td></td></tr>
<tr><td rowspan="5">作业安全
10 分</td><td>1. 按规定着装。5 分</td><td rowspan="2"></td><td rowspan="2"></td></tr>
<tr><td>2. 操作未造成系统死机。5 分</td></tr>
<tr><td>3. 因人为原因造成系统无法使用或计算机无法启动，失格</td><td rowspan="3" colspan="2"></td></tr>
<tr><td>4. 对拦停故障没有正确按照拦停标准预报的，失格</td></tr>
<tr><td>5. 考核过程中发生不文明的现象，失格</td></tr>
<tr><td>合计 100 分</td><td colspan="3"></td></tr>
</table>

考评员签名：　　　　认定人：　　　　年　　月　　日

S2　TVDS 动态一列作业(客车)

一、考核准备

1. 硬件准备

序　号	材料名称	配置要求	数　量	备　注
1	动态服务器	CPU4 核以上、内存 16 G 以上、硬盘 2 块 300 G 以上	1 台	
2	动态检查终端电脑	CPU4 核以上、内存 4 G 以上、硬盘 1 块 80 G 以上	10 台	
3	操作台	1 200 mm×1 000 mm	1 张/人	

2. 软件准备

序　号	软件名称	系统要求	考试软件	数　量	备　注
1	动态服务器	Windows Server 2016	Oracle 数据库、TVDS 作业平台、动态考试软件	1 台	
2	动态检查终端电脑	Windows 7	IE8.0 版本、动态考试软件	10 套	

3. 考场准备

要求选用专用考试场地或适宜的动态检车现场作为考场;考场应符合技能鉴定有关规定;考场环境须符合相关规章制度、工艺要求、作业指导书的规定。

4. 考生准备

防护服装、臂章、准考证、身份证等。

二、技术要求

1. 按照铁路客车 TVDS 一列作业标准流程作业。
2. 执行客车动态故障鉴定及处理方法。

三、考核要求

1. 遵守考场纪律和考核时间。
2. 按照作业要求做好各项准备工作。
3. 按规章要求由认定人独立完成。
4. 全面准确发现故障,故障件数为 10 件。

四、考核时限

1. 准备时间:3 min。
2. 正式操作时间:15 min。

五、考核评分

1. 考评员 3 名。

2. 评分要点见考核评分记录表。

3. 评分程序及规则:考评员根据考生操作情况对照标准答案在评分表上给予记录评分。

4. 算分方法:采用百分制,满分 100 分,60 分以上为及格。

六、考核评分记录表

单位:________ 姓名:______ 性别:______ 准考证号:________ 工种:______ 级别:______

试题名称:TVDS 动态一列作业客车

考核时间:15 min

操作开始时间:　　时　　分　　　　　　　　　　　　　　操作结束时间:　　时　　分

项　目	考核内容及评分标准	扣分因素及扣分	得　分
作业准备 5分	1. 按规定着工作服,佩戴臂章。2 分		
	2. 检查工具、材料、设备齐全良好。3 分		
作业程序 25分	1. 正确登录操作账号,对货车图片进行作业检查。5 分		
	2. 对预设故障进行鉴定。10 分		
	3. 对检车监控进行检查。5 分		
	4. 作业结束后退出系统界面并关机。5 分		
作业质量 60分	每发现一件故障加 6 分(发现故障时在相应序号下方空格内画"√"未发现故障时画"×")。60 分 <table><tr><td>1</td><td>2</td><td>3</td><td>4</td><td>5</td></tr><tr><td></td><td></td><td></td><td></td><td></td></tr><tr><td>6</td><td>7</td><td>8</td><td>9</td><td>10</td></tr><tr><td></td><td></td><td></td><td></td><td></td></tr></table>		
考核时间	考试软件采用倒计时模式,15 min 自动交卷		
作业安全 10分	1. 按规定着装。5 分		
	2. 操作未造成系统死机。5 分		
	3. 因人为原因造成系统无法使用或计算机无法启动,失格		
	4. 对拦停故障没有正确按照拦停标准预报的,失格		
	5. 考核过程中发生不文明的现象,失格		
合计 100 分			

考评员签名:　　　　　　　　　　　　认定人:　　　　　　　　　　　　年　　月　　日

S3 动车组单车检查

一、考核准备

1. 设备准备

铁路动车组一辆。

2. 材料准备

序 号	名 称	规 格	单 位	备 注
1	安全防护红旗	360 mm×500 mm	1 面	
2	检车锤		1 把	
3	工具袋、皮带		1 套	
4	活动扳手	250 mm×300 mm	1 把	

3. 考场准备

要求选用专用考试场地或适宜动车单车检车的作业现场作为考场;考场应符合技能鉴定有关规定;考场环境须符合相关规章制度、工艺要求、作业指导书的规定。

4. 考生准备

防护服装、臂章、准考证、身份证等。

二、技术要求

1. 按照动车组运用技术质量标准对车辆进行故障检查。
2. 按照动车组运用技术质量标准对车辆进行技术状态检查,正确发现车辆故障。

三、考核要求

1. 遵守考场纪律和考核时间。
2. 按照作业要求做好各项准备工作。
3. 注意作业安全,防止磕碰摔伤等。
4. 按规章要求由认定人独立完成。
5. 全面准确发现故障,故障件数为 10 件。

四、考核时限

1. 准备时间:2 min。
2. 正式操作时间:18 min。
3. 计时从设置安全防护红旗开始,到撤除安全防护红旗结束。
4. 超过时间标准 9 min 停止作业。

五、考核评分

1. 考评员 2 名。

2. 评分要点见考核评分记录表。

3. 评分程序及规则：考评员根据考生操作情况对照标准答案在评分表上给予记录评分。

4. 算分方法：采用百分制，满分 100 分，60 分以上为及格。

六、考核评分记录表

单位：__________ 姓名：______ 性别：________ 准考证号：_________ 工种：________ 级别：________

试题名称：动车组单车检查

考核时间：18 min

操作开始时间：　　时　　分　　　　　　　　　　　　　　　　操作结束时间：　　时　　分

<table>
<tr><th>项　目</th><th>考核内容及评分标准</th><th>扣分因素及扣分</th><th>得　分</th></tr>
<tr><td rowspan="3">作业准备
5 分</td><td>1. 按规定着工作服，佩戴臂章，戴工作帽(帽檐朝前)和手套。1 分</td><td rowspan="3"></td><td rowspan="3"></td></tr>
<tr><td>2. 检查工具、备品齐全良好。2 分</td></tr>
<tr><td>3. 作业前准备时将工具和配件拿出，提前摆放到预定工具、材料摆放区。2 分</td></tr>
<tr><td rowspan="5">作业程序
25 分</td><td>1. 安全事项：作业前确认动车组降弓，插设安全红旗，停放制动施加良好，接地杆可靠插设。5 分</td><td rowspan="5"></td><td rowspan="5"></td></tr>
<tr><td>2. 作业标准：按动车组一级检修作业程序及质量标准进行检查作业。10 分</td></tr>
<tr><td>3. 未按作业顺序检查地沟、侧面、连接处。3 分</td></tr>
<tr><td>4. 检查孔盖打开检查并恢复。3 分</td></tr>
<tr><td>5. 作业完毕，撤除安全防护红旗。4 分</td></tr>
<tr><td>作业质量
50 分</td><td>每发现一件故障加 5 分(发现故障时在相应序号下方空格内画“√”未发现故障时画“×”)。50 分
<table><tr><td>1</td><td>2</td><td>3</td><td>4</td><td>5</td></tr><tr><td></td><td></td><td></td><td></td><td></td></tr><tr><td>6</td><td>7</td><td>8</td><td>9</td><td>10</td></tr><tr><td></td><td></td><td></td><td></td><td></td></tr></table></td><td></td><td></td></tr>
<tr><td>考核时间
10 分</td><td>设置安全防护红旗开始，撤除安全防护红旗结束，在标准时间范围内(18 min)完成作业。提前不加分，超过 18 min，每 54 s 扣 1 分(不足 54 s 不扣分)。超过规定时间后 9 min，停止作业</td><td></td><td></td></tr>
<tr><td rowspan="5">作业安全
10 分</td><td>1. 安全防护红旗全部展开。3 分</td><td rowspan="3"></td><td rowspan="3"></td></tr>
<tr><td>2. 安全防护红旗未落地。3 分</td></tr>
<tr><td>3. 作业中未发生破皮见血问题。4 分</td></tr>
<tr><td>4. 开始作业时未设置安全防护红旗，失格</td><td colspan="2" rowspan="2"></td></tr>
<tr><td>5. 作业人员因受伤不能继续作业，失格</td></tr>
<tr><td>合计 100 分</td><td></td><td></td><td></td></tr>
</table>

考评员签名：　　　　　　　　　　　　认定人：　　　　　　　　　　　　年　　月　　日

S4 动车组实车配件识别

一、考核准备

1. 设备准备

铁路动车组一辆。

2. 材料准备

序 号	名 称	规 格	单 位	备 注
1	安全防护红旗	360 mm×500 mm	1 面	
2	检车锤		1 把	
3	工具袋、皮带		1 套	
4	活动扳手	250 mm×300 mm	1 把	

3. 考场准备

要求选用专用考试场地或适宜动车单车检车的作业现场作为考场；考场应符合技能鉴定有关规定；考场环境须符合相关规章制度、工艺要求、作业指导书的规定。

4. 考生准备

防护服装、臂章、准考证、身份证等。

二、技术要求

1. 按照动车组运用技术质量标准对车辆进行检查。
2. 按照动车组运用技术质量标准对车辆进行技术状态检查，正确识别车辆配件。

三、考核要求

1. 遵守考场纪律和考核时间。
2. 按照作业要求做好各项准备工作。
3. 注意作业安全，防止磕碰摔伤等。
4. 按规章要求由认定人独立完成。
5. 全面准确发现故障，故障件数为 10 件。

四、考核时限

1. 准备时间：2 min。
2. 正式操作时间：5 min。
3. 计时从设置安全防护红旗开始，到撤除安全防护红旗结束。
4. 超过时间标准 2 min 30 s 停止作业。

五、考核评分

1. 考评员 2 名。
2. 评分要点见考核评分记录表。
3. 评分程序及规则：考评员根据考生操作情况对照标准答案在评分表上给予记录评分。
4. 算分方法：采用百分制，满分 100 分，60 分以上为及格。

六、考核评分记录表

单位：__________ 姓名：______ 性别：________ 准考证号：_________ 工种：_______ 级别：_______

试题名称：动车组实车配件识别

考核时间：5 min

操作开始时间： 时 分　　　　操作结束时间： 时 分

项　目	考核内容及评分标准	扣分因素及扣分	得　分
作业准备 10 分	1. 按规定着工作服，佩戴臂章，戴工作帽（帽檐朝前）和手套。1 分		
	2. 检查工具、备品齐全良好。2 分		
	3. 作业前准备时将工具和配件拿出，提前摆放到预定工具、材料摆放区。2 分		
作业程序 20 分	1. 与考评员示意进入配件识别区域。5 分		
	2. 按顺序检查车辆配件。5 分		
	3. 全面检查和识别车辆故障。5 分		
	4. 退出配件识别区域。5 分		
作业质量 50 分	全面检查车辆配件并准确填写车辆配件名称。每发现一件故障加 5 分		
	1.		
	2.		
	3.		
	4.		
	5.		
	6.		
	7.		
	8.		
	9.		
	10.		

续上表

项　目	考核内容及评分标准	扣分因素及扣分	得　分
考核时间 10 分	设置安全防护红旗开始，撤除安全防护红旗结束，在标准时间范围内(5 min)完成作业。提前不加分，超过 5 min，每 15 s 扣 1 分(不足 15 s 不扣分)。超过规定时间后 2 min 30 s，停止作业		
作业安全 10 分	1. 安全防护红旗全部展开。3 分		
	2. 安全防护红旗未落地。3 分		
	3. 作业中未发生破皮见血问题。4 分		
	4. 开始作业时未设置安全防护红旗，失格		
	5. 作业人员因受伤不能继续作业，失格		
合计 100 分			

考评员签名：　　　　　　　　认定人：　　　　　　　　年　　月　　日

S5　动车组图片配件识别

一、考核准备

1. 硬件准备

序　号	材料名称	配置要求	数　量	备　注
1	动态服务器	CPU4 核以上、内存 16 G 以上、硬盘 2 块 300 G 以上	1 台	
2	动态检查终端电脑	CPU4 核以上、内存 4 G 以上、硬盘 1 块 80 G 以上	10 台	
3	操作台	1 200 mm×1 000 mm	1 张/人	

2. 软件准备

序　号	软件名称	系统要求	考试软件	数　量	备　注
1	动态服务器	Windows Server 2016	Oracle 数据库、TEDS 作业平台、动态考试软件	1 台	
2	动态检查终端电脑	Windows 7	IE8.0 版本、动态考试软件	10 套	

3. 考场准备

要求选用专用考试场地或适宜的动态检车现场作为考场；考场应符合技能鉴定有关规定；考场环境须符合相关规章制度、工艺要求、作业指导书的规定。

4. 考生准备

防护服装、臂章、准考证、身份证等。

二、技术要求

1. 按照动车组运用技术质量标准对车辆进行检查。
2. 按照动车组运用技术质量标准对车辆进行技术状态检查，正确识别车辆配件。

三、考核要求

1. 遵守考场纪律和考核时间。
2. 按照作业要求做好各项准备工作。
3. 按规章要求由认定人独立完成。
4. 全面准确发现故障，故障件数为 10 件。

四、考核时限

1. 准备时间：2 min。
2. 正式操作时间：20 min。

五、考核评分

1. 考评员 3 名。

2. 评分要点见考核评分记录表。

3. 评分程序及规则：考评员根据考生操作情况对照标准答案在评分表上给予记录评分。

4. 算分方法：采用百分制，满分 100 分，60 分以上为及格。

六、考核评分记录表

单位：＿＿＿＿＿　姓名：＿＿＿　性别：＿＿＿＿准考证号：＿＿＿＿＿　工种：＿＿＿＿级别：＿＿＿＿

试题名称：动车组图片配件识别

考核时间：20 min

操作开始时间：　时　分　　　　　　　　操作结束时间：　时　分

<table>
<tr><th>项　目</th><th>考核内容及评分标准</th><th>扣分因素及扣分</th><th>得　分</th></tr>
<tr><td rowspan="2">作业准备
5 分</td><td>1. 按规定着工作服，佩戴臂章。2 分</td><td rowspan="2"></td><td rowspan="2"></td></tr>
<tr><td>2. 检查工具、材料、设备齐全良好。3 分</td></tr>
<tr><td rowspan="4">作业程序
25 分</td><td>1. 正确登录操作账号，对动车组图片进行作业检查。5 分</td><td rowspan="4"></td><td rowspan="4"></td></tr>
<tr><td>2. 对预设故障进行鉴定。10 分</td></tr>
<tr><td>3. 对检车监控进行检查。5 分</td></tr>
<tr><td>4. 作业结束后退出系统界面并关机。5 分</td></tr>
<tr><td>作业质量
60 分</td><td>每发现一件故障加 6 分（发现故障时在相应序号下方空格内画“√”未发现故障时画“×”）。60 分
<table><tr><td>1</td><td>2</td><td>3</td><td>4</td><td>5</td></tr><tr><td></td><td></td><td></td><td></td><td></td></tr><tr><td>6</td><td>7</td><td>8</td><td>9</td><td>10</td></tr><tr><td></td><td></td><td></td><td></td><td></td></tr></table></td><td></td><td></td></tr>
<tr><td>考核时间</td><td>登录系统开始，20 min 后系统自动停止答题，自动交卷</td><td></td><td></td></tr>
<tr><td rowspan="4">作业安全
10 分</td><td>1. 按规定着装。5 分</td><td rowspan="2"></td><td rowspan="2"></td></tr>
<tr><td>2. 操作未造成系统死机。5 分</td></tr>
<tr><td>3. 因人为原因造成系统无法使用或计算机无法启动，失格</td><td rowspan="2" colspan="2"></td></tr>
<tr><td>4. 考核过程中发生不文明的现象，失格</td></tr>
<tr><td>合计 100 分</td><td></td><td></td><td></td></tr>
</table>

考评员签名：　　　　　　　　认定人：　　　　　　　　年　　月　　日

S6　识读滚动轴承标志板内容

一、考核准备

1. 设备准备

通用货车一辆。

2. 材料准备

序　号	名　　称	规　　格	单　　位	备　　注
1	安全防护红旗		1 面	
2	记录板		1 块	
3	记录纸	A4	若干张	
4	秒表		1 只	

3. 考场准备

(1)实训场 1 处,且采光良好。

(2)隔离措施良好,无安全隐患。

4. 考生准备

防护服装、臂章、准考证、身份证等。

二、技术要求

按《铁路货车运用维修规程》有关规定执行。

三、考核要求

1. 遵守考场纪律和考核时间。
2. 按照作业要求做好各项准备工作。
3. 注意作业安全,防止磕碰摔伤等。
4. 按规章要求由认定人独立完成。
5. 掌握滚动轴承标志板的识读方法。
6. 掌握标志板各栏内容的含义。

四、考核时限

1. 准备时间:2 min。
2. 正式操作时间:20 min。
3. 计时从考评员发出指令开始,到考生报告作业完毕时结束。
4. 超过规定时间 10 min 停止作业。

五、考核评分

1. 考评员 2 名。
2. 评分要点见考核评分记录表。
3. 评分程序及规则:考评员根据考生操作情况对照标准答案在评分表上给予记录评分。
4. 算分方法:采用百分制,满分 100 分,60 分以上为及格。

六、考核评分记录表

单位:__________ 姓名:______ 性别:________准考证号:__________ 工种:________级别:________

试题名称:识读滚动轴承标志板内容

考核时间:20 min

操作开始时间:　　时　　分　　　　　　　　　　　　　　操作结束时间:　　时　　分

项　目	考核内容及评分标准	扣分因素及扣分	得　分
作业程序 30 分	1. 插设安全防护红旗。安全防护红旗未展开扣 2 分;红旗落地未重插,扣 5 分		
	2. 检查记录滚动轴承标志板各栏内容。作业顺序颠倒每次扣 3 分		
	3. 检查记录另一端滚动轴承标志板各栏内容。记录标志板 A、B、C、D 各栏项内容少一项扣 2 分,只记录轴承一端标志板内容扣 15 分		
	4. 撤除安全防护红旗。工具未撤出钢轨外侧每件扣 2 分。安全防护红旗未撤除扣 10 分		
作业质量 50 分	1. 各栏项内容记录清晰、完整、正确。表格项各栏内容记录,少一项或错一项各扣 5 分		
	2. 正确回答各栏内容的含义。标志板栏内容含义,一项不知扣 20 分		
考核时间 10 分	规定时间内全部完成,不加分,也不扣分。每超 60 s 扣 1 分,不足 60 s 按 60 s 计算		
作业安全 10 分	1. 认真做好工具设备的使用与维护。工具损坏,每件扣 4 分;工具未放回指定地点,每件扣 2 分		
	2. 按规定插、撤安全防护红旗		
	3. 按规定穿戴劳保用品。未按规定使用工具及穿戴劳动防护用品,每件扣 5 分。作业过程中碰伤出血扣 5 分		
合计 100 分			

考评员签名:　　　　　　　　　　　　认定人:　　　　　　　　　　　　年　　月　　日

S7　更换转 K2 型转向架减振弹簧

一、考核准备

1. 设备准备

通用敞车一辆。

2. 材料准备

序　号	名　　称	规　　格	单　　位	备　　注
1	安全防护红旗		1 面	
2	千斤顶	16 t	1 只	
3	垫板		1 块	
4	检车锤		1 把	
5	止轮器		2 只	
6	钢卷尺	1 m	1 把	
7	秒表		2 只	
8	转 K2 型转向架减振弹簧		二组	

3. 考场准备

(1)一个货车台位,且采光良好。

(2)隔离措施良好,无安全隐患。

4. 考生准备

防护服装、臂章、准考证、身份证等。

二、技术要求

按《铁路货车运用维修规程》《铁路货车段修规程》有关规定执行。

三、考核要求

1. 遵守考场纪律和考核时间。
2. 按照作业要求做好各项准备工作。
3. 注意作业安全,防止磕碰摔伤等。
4. 按规章要求由认定人独立完成。
5. 掌握更换转 K2 型转向架减振弹簧的方法。
6. 掌握弹簧高度选配的限度要求。

四、考核时限

1. 准备时间:3 min。
2. 正式操作时间:30 min。
3. 计时从考评员发出指令开始,到考生报告作业完毕时结束。
4. 超过 15 min 停止作业。

五、考核评分

1. 考评员 2 名。
2. 评分要点见考核评分记录表。
3. 评分程序及规则:考评员根据考生操作情况对照标准答案在评分表上给予记录评分。
4. 算分方法:采用百分制,满分 100 分,60 分以上为及格。

六、考核评分记录表

单位:__________ 姓名:_____ 性别:_______ 准考证号:_________ 工种:_______ 级别:_______

试题名称:更换转 K2 型转向架减振弹簧

考核时间:30 min

操作开始时间:　　时　　分　　　　操作结束时间:　　时　　分

项　目	考核内容及评分标准	扣分因素及扣分	得　分
作业程序 30 分	1. 插设安全防护红旗。安全防护红旗未展开扣 2 分;红旗落地未重插扣 5 分		
	2. 打上车轮止轮器		
	3. 安装顶镐垫板、上顶镐、起镐		
	4. 卸减振弹簧、检查选配、检查弹簧、安装弹簧。作业顺序颠倒,每次扣 3 分		
	5. 落镐、落成检查、撤除安全防护红旗。止轮器忘撤,每只扣 5 分。新换弹簧未检查扣 5 分。工具、材料未撤出钢轨外侧,每件扣 2 分;安全防护红旗未撤除扣 5 分。未做落成检查扣 5 分		
作业质量 50 分	1. 减振弹簧安装到位;摇枕弹簧须入槽。减振弹簧安装不到位扣 10 分。摇枕弹簧未入槽每个扣 10 分		
	2. 斜锲正位,与立柱磨耗板间隙不超限。斜锲不正位扣 5 分;斜锲与立柱磨耗板间隙超限扣 10 分		
	3. 内簧未抽出检查扣 5 分		

续上表

项　　目	考核内容及评分标准	扣分因素及扣分	得　分
考核时间 10分	在规定时间内全部完成。每超时 90 s，扣 1 分，不足 90 s 按 90 s 计算，超过规定时间 15 min 停止作业		
作业安全 10分	1. 认真做好工具设备的使用与维护。工具损坏，每件扣 4 分；工具未放回指定地点，每件扣 2 分。顶镐上部未装防滑垫扣 3 分。起镐后，发生跑镐扣 10 分		
	2. 按规定插、撤安全防护红旗		
	3. 安装弹簧时，手放在弹簧上方每次扣 5 分		
	4. 按规定穿戴劳保用品。未按规定使用工具及穿戴劳动防护用品，每件扣 5 分。作业过程中碰伤出血扣 5 分		
	5. 未插设安全防护红旗就进行作业，失格		
	6. 起镐前未打止轮器，失格		
	7. 发生工伤，不能继续工作，失格		
合计 100 分			

考评员签名：　　　　　　　　　　认定人：　　　　　　　　　　年　　月　　日

S8 车轮踏面擦伤故障扣车调查

一、考核准备

1. 设备准备

C70 型通用货车一辆。

2. 材料准备

序号	名称	规格	单位	备注
1	草稿纸	A4	适量	
2	钢笔或圆珠笔		1支	
3	秒表		1块	考评员用
4	第四种检查器	LLJ-4B(D)型	1台	选手用

3. 考场准备

货车台位 1 个，采光良好。

4. 考生准备

防护服装、臂章、准考证、身份证等。

二、技术要求

按《铁路货车运用维修规程》《铁路交通事故调查处理规则》(以下简称《事规》)有关规定执行。

三、考核要求

1. 遵守考场纪律和考核时间。
2. 按照作业要求做好各项准备工作。
3. 注意作业安全，防止磕碰摔伤等。
4. 按规章要求由认定人独立完成。
5. 赶赴现场，按照《事规》规定的调查项目进行调查记录。
6. 根据调查结果写出书面材料并及时向上级汇报。

四、考核时限

1. 准备时间：2 min。
2. 正式操作时间：30 min。
3. 计时从调查开始，到上交调查报告时止。
4. 超过时间标准 15 min 停止作业。

五、考核评分

1. 考评员 2 名。

2. 评分要点见考核评分记录表。

3. 评分程序及规则：考评员根据考生操作情况对照标准答案在评分表上给予记录评分。

4. 算分方法：采用百分制，满分 100 分，60 分以上为及格。

六、考核评分记录表

单位：__________ 姓名：______ 性别：________ 准考证号：__________ 工种：________ 级别：________

试题名称：车轮踏面擦伤故障扣车调查

考核时间：30 min

操作开始时间：　　时　　分　　　　　　　　　　　　　　　　　　操作结束时间：　　时　　分

项　目	考核内容及评分标准	扣分因素及扣分	得　分
作业程序 20分	1. 故障列车车次、股道、辆数、列车性质、作业方式、作业对数、作业组数等记录不全每项扣 2 分		
	2. 发生故障车辆的位数、车站通知时间、列检值班员通知时间、出动时间、到现场时间、作业开始时间、作业结束时间、调查或处理完时间、故障车辆概况、车种、车型车号、厂修单位年月、段修单位年月、辅修单位月日、车次、编组辆数、编挂位置、前后台车左右侧、车轮种类、材质、制造年月、熔炼炉号、制造顺号、组装或修理单位年月、组装工厂代号、缺陷状态发车列检所及时间、关系人员的职名和姓名等。标志牌(A栏、B栏左侧、B栏右侧、C栏、施封锁)、擦伤概况、制动机型号、司机操纵情况、漏泄情况、感度及安定试验情况、闸瓦磨耗、擦伤长度、擦伤宽度、擦伤深度、邻车情况、其他原因。以上各项每漏记一项扣 1 分		
	3. 对故障车辆进行详细的技术检查并做好详尽记录，必要时应拍摄照片，并通知有关值班人员、作业工长等相关人员共同确认。未做记录每项扣 1 分		
作业质量 50分	1. 对相关车辆进行检查，并记录相关内容。未对相关车辆进行检查扣 5 分，无记录扣 3 分		
	2. 根据检查结果判断是否过限，是否达到扣车标准。无判定结果失格，未及时汇报扣 10 分		
	3. 根据检查结果写出相关扣车依据并及时向上级汇报。无扣车依据扣 10 分，扣车依据书写条理不清扣 5 分		
	4. 未收拾有关用具每件扣 1 分		
工具装备 10分	正确使用工具、设备；不会使用扣 5 分，损坏工具、设备扣 5 分		
考核时间 10分	规定时间内全部完成，每超 90 s 扣 1 分，超过 15 min 停止作业		
作业安全 10分	1. 未按规定着装扣 2 分		
	2. 受轻伤扣 5 分		
	3. 受伤不能继续工作，失格		
合计 100 分			

考评员签名：　　　　　　　　　　　　　　　　认定人：　　　　　　　　　　　　　　　年　　月　　日

S9 钩舌报废鉴定

一、考核准备

1. 设备准备

钩舌 1 只(13 号或 13A 型)。

2. 材料准备

序 号	名 称	规 格	单 位	备 注
1	检查锤		1 把	
2	手电筒		1 支	
3	钢直尺	150 mm	1 支	
4	钩舌检测样板		1 套	
5	书写课桌椅		1 套	
6	秒表		2 只	
7	草稿纸	A4	若干张	
8	笔		若干支	

3. 考场准备

(1)实训场一处,且采光良好。

(2)隔离措施良好,无安全隐患。

4. 考生准备

防护服装、臂章、准考证、身份证等。

二、技术要求

按《铁路货车运用维修规程》《铁路货车段修规程》有关规定执行。

三、考核要求

1. 遵守考场纪律和考核时间。
2. 按照作业要求做好各项准备工作。
3. 注意作业安全,防止磕碰摔伤等。
4. 按规章要求由认定人独立完成。
5. 掌握钩舌报废鉴定的方法。
6. 掌握钩舌加修、报废标准。

四、考核时限

1. 准备时间：3 min。
2. 正式操作时间：20 min。
3. 计时从考评员发出指令开始，到考生报告作业完毕时结束。
4. 超过 25 min 停止作业。

五、考核评分

1. 考评员 2 名。
2. 评分要点见考核评分记录表。
3. 评分程序及规则：考评员根据考生操作情况对照标准答案在评分表上给予记录评分。
4. 算分方法：采用百分制，满分 100 分，60 分以上为及格。

六、考核评分记录表

单位：______ 姓名：____ 性别：____ 准考证号：______ 工种：_____ 级别：_____

试题名称：钩舌报废鉴定

考核时间：20 min

操作开始时间：　　时　　分　　　　　　　　　　　　　　　　操作结束时间：　　时　　分

项　目	考核内容及评分标准	扣分因素及扣分	得　分
作业程序 30 分	1. 对钩舌外观进行详细检查。钩舌外观未进行检查扣 5 分		
	2. 根据材质来判断钩舌使用年限。钩舌寿命管理年限不知扣 5 分		
	3. 检查时发现故障，做好记录并按段修限度进行鉴定		
	4. 分别对钩舌各部位用检测样板进行测量。样板使用不规范，每次扣 3 分。检测时，段修限度未掌握，每项扣 2 分		
	5. 判断故障，提出处理意见		
	6. 填写钩舌报废鉴定记录单。鉴定记录单，每漏填一项或填错一项，各扣 2 分		
	7. 收拾工具，考核结束。工、量具未撤出规定范围外，每件扣 2 分。作业顺序颠倒，每次扣 3 分		
作业质量 50 分	1. 能正确发现钩舌裂纹故障。裂纹故障测量时每超 1 mm 扣 1 分。漏检故障，每件扣 20 分		
	2. 能正确判断故障，提出处理意见（报废或加修）。未提出加修处理意见扣 20 分		
	3. 熟知钩舌段修检修限度标准		

续上表

项　　目	考核内容及评分标准	扣分因素及扣分	得　分
考核时间 10分	在规定时间内全部完成。每超时20 s,扣1分,不足20 s按20 s计算,作业时间超过25 min停止作业		
作业安全 10分	1.认真做好工具设备的使用与维护。工具损坏,每件扣4分;工具未放回指定地点,每件扣2分		
	2.按规定穿戴劳保用品。未按规定使用工具及穿戴劳动防护用品,每件扣5分。作业过程中碰伤出血扣5分		
	3.处理意见错误,失格		
	4.作业时间超过25 min,失格		
	5.发生工伤,不能继续工作,失格		
	6.测量样板不会使用,失格		
合计100分			

考评员签名:　　　　　　　　认定人:　　　　　　　　年　　月　　日

S10 更换球芯塞门辅助管

一、考核准备

1. 设备准备

货车 2 辆并相互连接，单车试验器一台(通风用)。

2. 材料准备

序 号	名 称	规 格	单 位	备 注
1	补助管	300 mm	1 根	
2	接口皮垫	ϕ32 mm	1 个	
3	生料带		1 卷	
4	U 形卡子		1 个	
5	螺母	ϕ8 mm	1 个	
6	弹簧垫圈	ϕ8 mm	2 个	

3. 考场准备

(1)考场设在能放置两辆货车的平直线路上。

(2)工作场地整洁，采光良好。

(3)隔离措施良好，无安全隐患。

(4)须有风源设备。

4. 考生准备

防护服装、臂章、准考证、身份证等。

二、技术要求

1. 按作业过程分解各配件。
2. 能正确选配补助管。
3. 安装后制动软管、折角塞门角度符合标准，无漏泄。

三、考核要求

1. 遵守考场纪律和考核时间。
2. 按照作业要求做好各项准备工作。
3. 注意作业安全，防止磕碰摔伤等。
4. 按规章要求由认定人独立完成。

5. 掌握更换球芯塞门辅助管的作业方法。

6. 掌握更换球芯塞门辅助管的技术质量标准。

四、考核时限

1. 准备时间：3 min。

2. 正式操作时间：40 min。

3. 计时从考评员发出指令开始，到考生报告作业完毕时结束。

4. 超过规定时间 20 min 停止作业。

五、考核评分

1. 考评员 2 名。

2. 评分要点见考核评分记录表。

3. 评分程序及规则：考评员根据考生操作情况对照标准答案在评分表上给予记录评分。

4. 算分方法：采用百分制，满分 100 分，60 分以上为及格。

六、考核评分记录表

单位：__________ 姓名：______ 性别：_______ 准考证号：_________ 工种：________ 级别：________

试题名称：更换球芯塞门辅助管

考核时间：40 min

操作开始时间：　时　分　　　　操作结束时间：　时　分

项　目	考核内容及评分标准	扣分因素及扣分	得　分
作业程序 30 分	1. 插设安全防护红旗。安全防护红旗未展开扣 2 分；红旗落地未重插扣 5 分		
	2. 关闭本车及另一端以及邻车的折角塞门		
	3. 依次分解制动软管、折角塞门、卡子螺栓、补助管。配件重摔落地扣 5 分		
	4. 检查新换补助管		
	5. 安装压紧套及橡胶圈。生料带缠绕不符合标准扣 3 分，进入管内扣 5 分		
	6. 依次安装补助管、折角塞门、U 形卡子螺栓、制动软管		
	7. 连结制动软管，恢复开通位置，查漏泄。制动软管、折角塞门角度不正，各扣 3 分		
	8. 落成检查，撤除安全防护红旗。未做落成检查扣 5 分。工具、材料未撤出钢轨外侧，每件扣 2 分；安全防护红旗未撤除扣 10 分。作业顺序颠倒，每次扣 3 分		

续上表

项　目	考核内容及评分标准	扣分因素及扣分	得　分
作业质量 50分	1. U形卡子螺栓无松动。U形卡子螺栓松扣5分。补助管压紧套松动扣5分		
	2. 各连接处无漏泄。橡胶圈破损扣5分。漏泄，每处扣5分		
	3. 软管、折角塞门安装符合要求。制动软管连结不良扣5分。软管、折角塞门、辅助管丝扣拧紧不足三牙，各扣10分。损伤丝扣扣20分		
考核时间 10分	在规定时间内全部完成。每超时120 s扣1分，不足120 s按120 s计算，超过规定时间20 min停止作业		
作业安全 10分	1. 认真做好工具设备的使用与维护。工具损坏，每件扣4分；工具未放回指定地点，每件扣2分		
	2. 按规定穿戴劳保用品。未按规定使用工具及穿戴劳动防护用品，每件扣5分。作业过程中碰伤出血扣5分		
	3. 折角塞门未关闭制动软管；排风时，未手扶制动软管各扣5分		
	4. 未插设安全防护红旗，进行作业，失格		
	5. 发生工伤，不能继续工作，失格		
合计100分			

考评员签名：　　　　　　　　　　认定人：　　　　　　　　　　年　　月　　日

第三部分　技　　师

1. TFDS 探测站的名称由哪几部分组成？

答：TFDS 探测站由列检作业场所在站名、线路名、方向别及系统名四部分组成。

2. 在现场作业时对牵引梁两侧扩张之和如何检测？

答：(1)用钢卷尺分别测量牵引梁根部两侧未扩张处的内距和牵引梁两侧扩张处最大内距，两实测值之差为两侧扩张之和。(2)以牵引梁根部两侧未扩张处的内距为基准，测量牵引梁两侧扩张之和。

3. THDS 按不同程度的热轴故障预报标准分为哪些等级？

答：THDS 预报标准按照不同程度的热轴故障，由低到高分为微热、强热、激热三个等级。

4. TVDS 作业范围有哪些？（客车）

答：普速旅客列车客车底、特快旅客列车底、回送图定客车底、无动力回送普速客车底、因故折返旅客列车客车底。

5. 在现场作业时对棚车车门与门框搭接量如何检测？

答：(1)分别在车门关闭位、开放位，用钢直尺或钢卷尺测量两车门两侧上边缘至门框(门挡)下边缘的垂直距离，为车门与门框的搭接量。(2)分别在车门关闭位、开放位测量两车门与门框(门挡)的搭接量。

6. 交叉支撑装置由哪些配件组成？

答：交叉支撑装置由上、下交叉杆，夹板和螺栓、螺母，轴向橡胶垫，防松板，双耳垫圈，端部螺栓，还有安全链或安全索等组成。

7. 在现场作业时对交叉杆杆体擦伤、碰伤深度如何检测？

答：(1)将量规 HZ 端放置擦伤、碰伤最深处，两侧工作面与交叉杆未擦伤、碰伤部位贴靠时磨耗超限。(2)以交叉杆杆体未擦伤、碰伤部位为准，检测擦伤、碰伤处最大深度。

8. 为什么车轴轮座在深入与车轮配合面两端 3～5 mm 的横截面处易发生切轴事故？

答：(1)该横面处在车辆载荷作用下承受巨大的交变弯曲应力、剪切应力和扭转应力。

(2)轮座与轮毂孔为大过盈量配合,因而在轮座配合长度内承受着巨大的接触压应力。(3)正由于轮座与轮孔为过盈配合而形成刚体,也必然在配合面两端交接处存在巨大的弯曲和扭转应力集中现象。(4)车辆在运行中轮对承受轮轨巨大的冲击和车辆振动动应力,易使该处疲劳过限或材料组织缺陷扩张并产生裂断。

9. 轮对组装不良而引起车辆脱轨或倾覆的主要原因有哪些?

答:(1)轮对两车轮内侧距离超差,无论大或小均与轨距不匹配而易在行车中脱轨。(2)轮对的轮位差超过规定要求,使轴承装置横向错位,增大轴向力而导致热切轴和车辆脱轨或倾覆事故。(3)轮轴压装力或压装曲线不符合规定要求,使轮轴实际组装结合力不足,导致车轮在行车中发生轴向位移而脱轨。(4)同一轮对选配两车轮直径之差超过规定要求,使车轮在运行中发生严重挤压轨道现象而导致脱轨。

10. 简单分析车辆的基本载荷有哪些?

答:铁道车辆在运用中,各零部件上承受着复杂的载荷。一般来讲,这些载荷可以归纳为静载荷和动载荷两大类。静载荷在运用中具有确定不变的数值,如车辆的载重和自重,散粒货物的静侧压力以及液体(或气体)对罐体的压力等。动载荷是指在运用中数值甚至方向都随时间变化的载荷,其中包括:(1)由于垂直冲击和簧上振动所产生的垂直载荷。(2)车辆之间由于列车起动、制动和调车作业所产生的沿车钩中心线作用的纵向载荷。(3)侧向作用的风力。(4)通过曲线时产生的附加载荷和轮轨之间的相互作用力。静载荷可以进行准确地计算,而动载荷则由于车辆运用情况十分复杂,很难做出精确的计算。

11. 什么是机车车辆限界?为什么规定机车车辆限界?

答:机车车辆限界是规定机车车辆不同部位的宽度、高度的最大尺寸和其零部件至轨面的最小距离。机车车辆中心的高度限界规定为 4 800 mm。因此,机车车辆顶部的任何装置,如加高烟筒、放置防火罩或天窗的开度等,均应限制在 4 800 mm 以内,防止机车车辆顶部与桥梁、隧道上部相撞。规定机车车辆在钢轨水平面上部 1 250～3 600 mm 范围内,其宽度为 3 400 mm,允许左右各加宽 100 mm,在钢轨水平面上 1 250 mm 高度以下,机车车辆宽度逐渐缩减,因为在这个范围内,建筑物和设备较多。为防止与这些设备接触,所以规定不同的限界要求。

12. 货车运用主要指标有哪些?其含意是什么?

答:(1)列车公里:为货物列车走行公里之和。(2)旅行时间:为货物列车在正线内的运行时间之和。(即纯运转时间及中间站停留时间)。(3)旅行速度:为货物列车在区段内平均每小时所走行的公里数。(4)运行车辆公里:为运用货车总走行公里数。(5)货车全周转距离:为运用货车平均每周转一次走行的公里数。(6)货车周转时间:为货车第一次装车完毕时起至再次装车完毕时止的时间。

13. 客列检对通过旅客列车的不摘车修范围有哪些?(客车)

答:(1)标记速度 120 km/h 及以下客车、装有 209HS 型转向架的客车轴箱弹簧折损时更换,支承圈折损在确认无其他相关故障时,可一次运行到终点站更换。其他客车轴箱弹簧折损可一次运行到终点站更换。(2)处理基础制动故障。(3)处理空气制动故障。(4)更换钩舌,调整钩差。(5)更换处理牵引拉杆故障(25T 型客车除外)。(6)处理配件丢失、脱落或损坏故障。

14. 车辆轮对应满足哪些基本要求?

答:(1)使车辆在最高运行速度和各种允许载重情况下安全运行。(2)既要有足够的强度,又要自重轻,以减少车辆通过不平坦线路时,轮对与线路的相互作用力。(3)具有一定弹性,以缓和与线路作用所产生的作用力并减少噪声。(4)运行阻力小,轴颈和车轮踏面的耐磨性好,使用寿命长。

15. 简述滚动轴承游隙的种类和用途,其值过大或过小的危害。

答:滚动体在内外圈之间径向或轴向间隙称为游隙,游隙分为径向游隙和轴向游隙。为了保证滚动体自由转动和均匀地承担载荷,轴承在结构上必须有适当的径向和轴向游隙。若游隙过小,滚动体则转动困难,容易增加磨损引起热轴;若游隙过大,则会使轴承局部负荷加大,缩短其使用寿命。

16. 120 型分配阀为什么要设减速部?

答:因货物列车编组辆数多,而充风缓解作用是一条制动主管由前部向后部逐车传递而完成的,前部车辆先获得较高的压力空气而先开始充风缓解,后部车辆后获得低于前部车辆的空气压力而后开始充风缓解,这样将使列车产生很大的冲动,为了协调长大列车前部与后部车辆的充风和缓解作用,使其尽量一致,故设置了减速部。

17. 车辆上作用车钩钩提杆的左、右横动量如何测量及调整?

答:上作用车钩钩提杆左、右横动量均为 30～50 mm,不符合时应移动车体中心线外侧的钩提杆座调整。测量方法:当车钩纵向中心线与车体纵向中心线重合,且上锁销孔纵向中心与钩提杆头部纵向中心重合时,测量左、右两侧钩提杆座外侧与钩提杆内侧的水平距离,此时可向左、右两侧移动钩提杆调整。

18. 在现场作业时对牵引梁左、右旁弯如何检测?

答:(1)将等长于牵引梁长度的直角尺贴靠于枕梁下盖板和牵引梁下翼板根部,用钢直尺测量牵引梁下翼板在端梁结合处与直角尺的水平距离,即为牵引梁左、右旁弯尺寸。(2)以枕梁下盖板和牵引梁下翼板根部未弯曲部位为测量基准,测量牵引梁左、右旁弯。

19. 列车发生断钩分离时如何划分责任?

答:断钩(含车钩缓冲装置破损)责任的划分:新痕(司机违反操纵的有关规定)为机务;

旧痕或过限为车辆(机车、煤水车车钩为机务);超标的砂眼、夹渣或气孔等铸造缺陷为制造单位。

20. 简述车钩高度检查尺的构造及测量方法。

答:车钩高度检查尺(简称钩高尺)由横尺、立尺和滑尺三部分组成。测量时首先确定车辆在平直线路上,确定车钩水平线,然后用钩高检查尺测量钢轨上平面水平线与钩舌中心线间的距离,即为实际车钩测高度。

21. 什么叫 120 阀的“局部增压”?说明其加速缓解作用的原理。

答:120 阀的“局部增压”是指列车管除通过机车空气制动装置进行充气增压外,并同时采取其他方式使列车管加快充气。局部增压作用原理:当列车管增压、制动缸排气缓解时,利用即将排入大气的制动缸压力空气作为控制力源,去推动加速缓解阀中的橡胶膜板,通过顶杆顶开橡胶夹芯阀,使加速缓解风缸的压力空气充入列车制动主管。列车管由于得到局部增压,增压速度加快,促使列车后部的车辆加速缓解。

22. 客列检检车员站内加挂车辆时有何要求?

答:(1)加挂车前撤除安全防护信号,并用对讲机通报全组。(2)车辆连挂妥当后,打开加挂车(与大列相邻)折角塞门并安装开口销,连接部位无漏风。确认折角塞门状态,安装钩提杆防脱装置。(3)检查加挂车辆。(4)负责将加挂车尾部车辆折角塞门关闭,风管打堵并吊起,注意风管不得拖地;安装折角塞门开口销;车钩处于闭锁位。

23. 在列检作业场现场作业时如何使用 16、17 型车钩检测量规对 16 型钩舌锁面磨耗进行检测?

答:(1)按规定插设安全防护红旗(或红灯),在沿途车站调查处理车辆故障使用时,将红旗(或红灯)插挂在车端部;要求红旗无破损、污迹,旗面展开;红灯明亮。(2)用样板 Z160 端检查钩舌锁面厚度,如果样板两侧均不能进入钩舌尾部,为合格。否则,需要进行修复。修复后,分别用样板 Z162 和 T165 端检查锁面厚度,如果通端能通过,止端能止住,则为合格。(3)测量完毕后撤除安全防护红旗(或红灯)。要求轻拿轻放、不磕碰检测量规;擦拭完后,按规定恢复原状并放置在规定位置。

24. 为什么要对货车转向架间加装交叉支撑装置?

答:三大件式转向架的结构特点是两侧架通过摇枕、枕簧及斜楔摩擦弹性定位,因此易产生菱形变形,导致抗菱刚度变小。两侧架加装交叉支撑是提高抗菱刚度的有效办法。侧架间加装交叉支撑是在侧架上焊接安装支座,使两侧架通过交叉杆及弹性节点连接在一起。这种连接可对轨道的垂向不平顺进行调整。另外,侧架与轴承承载鞍之间设有弹性橡胶垫,起到良好轴箱弹性定位作用。

25. 可能引起车钩分离的主要因素有哪些?

答:可能引起车钩分离的主要因素有:钩体上、下防跳台磨耗,钩腕外胀,钩舌外胀,钩舌钩锁坐入量小于 45 mm,假落锁(即上锁销未复位),13 号、13A 型下作用车钩二次防跳性能不良,钩体、钩舌、钩尾框疲劳断裂,钩提杆弯曲变形,钩提杆链松余量过小,车钩低头,钩尾框尾部上翘,钩高差过大,机车司机列车操纵不符合规定引起列车纵向冲动剧增。

26. 引起制动缸漏风而不起制动作用或制动后自然缓解的主要原因有哪些?

答:制动作用不良主要有以下 8 项原因:(1)皮碗磨耗、破损或皮碗在活塞上安装不正位。(2)皮碗直径小或材质不良、气密性差。(3)皮碗在寒冷地区低温情况下硬化收缩,失去气密作用。(4)皮碗压板松动使皮碗窜风或活塞裂纹、砂眼。(5)制动缸漏风沟过长,截面积过大。(6)制动缸内壁有拉伤或锈蚀。(7)制动缸后盖胶垫漏泄。(8)制动缸的附属装置漏泄。

27. 车钩钩提杆链松余量过大、过小有什么影响?

答:车钩钩提杆链松余量过小,由于车辆在运行中左右摆动、缓冲器的伸缩或车钩低头,都容易引起锁销防跳装置运动,致使钩锁离开锁定位置,可能造成车钩开钩,导致列车发生分离事故;如松余量过大,摘解车辆时,上锁销不易提起,不方便解钩。

28. 转向架都受哪些外力?

答:(1)垂直静载荷:主要是心盘处所承受的车辆自重和载重。(2)垂直动载荷:指车辆运行时,承受复杂的振动、冲击所引起的作用于转向架垂直方面的动载荷。(3)车体侧向力引起的附加垂直载荷:侧向力包括作用于车体的风力和离心力。在侧向力的作用下,车体侧向一侧,压住一侧的旁承,这就使此侧的侧架、轴箱、轴颈等附加了垂直载荷,而另一侧则减载。(4)侧向力所引起的水平载荷:作用于车体的侧向力将使转向架心盘上受到横向水平作用。同时,钢轨对轮缘产生反作用力。(5)制动时引起的载荷:车辆制动时,车体的惯性力将使前转向架的垂直载荷增加,后转向架的垂直载荷减少。同时,在心盘上承受纵向水平力。

29. 为什么要规定货车重车的重心高? 如何规定?

答:货车在运行中,物体重心越低,运行时越稳定。反之,重心越高,运行时车体摆动越大,货物越容易倾倒。为了保证列车运行安全,所以要规定重心高。重车重心高(从钢轨面起算)一般不能超过 2 000 mm。超过时,应采取配重措施,以降低其重心高度。否则应按下列规定限速运行:(1)重心高度超过 2 001 mm,经过侧向道岔时,速度不得超过 15 km/h。(2)重心高度在 2 001～2 400 mm 之间,区间运行时,速度不得超过 50 km/h。(3)重心高度在 2 401～2 800 mm 之间,区间运行时,速度不得超过40 km/h。(4)重心高度在 2 801～3 000 mm 之间,区间运行时,速度不得超过 30 km/h。

30. 什么叫轮对的蛇行运动? 产生蛇行运动的原因及其对车辆有哪些影响?

答:轮对在直线上以不同直径的滚动圆作滚动时,车轮就会不断地作横向摆动,这种横向摆动称为蛇行运动。蛇行运动与车轮踏面锥度有关。因为踏面具有 1/20 锥度，故只有当轮对锥度的基本点严格地位于线路中心线上，而且轮对的轴线垂直于线路中心线时，则两车轮踏面直径相同，轮对才能做直线运动。实际上由于各种因素的影响，轮对总会出现横向偏移，两轮就可能以不同直径的踏面圆在钢轨上滚动。两轮行程不等，轴线则偏斜，这样又改变了踏面圆直径，然后轮对又偏向另一侧。如此反复延续下去，轮对中心的运动轨迹就成为一条波形曲线，即轮对蛇行运动。蛇行运动的存在，使车轮踏面易得到较均匀的磨耗。但在剧烈的蛇行运动中，车轮轮缘和钢轨相碰，增加了运行阻力，可能挤开钢轨而造成脱轨事故。另外，由于横向摆动恶化，还将影响到车辆运行速度的提高。

31. 在列检作业场现场作业时如何使用新型上锁销组成检测样板检查上锁销组成二次防跳台？

答：(1)按规定插设安全防护红旗(或红灯)，在沿途车站调查处理车辆故障使用时，将红旗(或红灯)插挂在车端部；要求红旗无破损、污迹，旗面展开；红灯明亮。(2)测量上锁销二次防跳台磨耗时。将检测样板置于二次防跳台处，样板两端不能接触上锁销圆弧为符合要求。(3)测量完毕后撤除安全防护红旗(或红灯)。要求轻拿轻放、不磕碰检测样板；擦拭完后，按规定恢复原状并放置在规定位置。

32. 如何对因车轮踏面缺损而造成的事故进行调查？

答：(1)勘查现场，详细检查机车、线路及其他设备。检查记录机车、车辆、线路及设备情况。(2)记录发生地点、铁路局集团公司、线路名称、区间(站)、里程、曲线半径、线路质量、所属局段、时间、调度通知时间、出动时间、到现场时间、停车或发现时间、恢复行车或处理完时间、中断行车或晚点时间、故障车辆概况、车种车型车号、定期检修的单位及日期；车次、编组辆数、编挂位置、前后转向架左右侧、车轮种类、材质、制造年月、熔炼炉号、制造顺号、组装或修理单位年月、组装工厂代号、缺陷状态发车列检作业场及时间、关系人员的职务和姓名；标志牌、车轮缺损、缺损处长、宽、深、轮缘厚度、轮对内侧距离、轮辋宽、安全搭载量。(3)对事故车辆进行详细的技术检查并做好详尽记录，必要时应拍摄照片，并通知有关局、段、站来人共同确认。

33. 如何对因车轮踏面剥离而造成的事故进行调查？

答：(1)勘查现场，详细检查机车、线路及其他设备。检查记录机车、车辆、线路及设备情况。(2)记录发生地点、铁路局集团公司、线路名称、区间(站)、里程、曲线半径、线路质量、所属局段、时间、调度通知时间、出动时间、到现场时间、停车或发现时间、恢复行车或处理完时间、中断行车或晚点时间、故障车辆概况、车种车型车号、定期检修的单位及日期、车次、编组辆数、编挂位置、前后转向架左右侧、车轮种类、材质、制造年月、熔炼炉号、制造顺号、组装或修理单位年月、组装工厂代号、缺陷状态发车列检作业场及时间、关系人员的职务和姓名等；标志牌、剥离概况、剥离长度、部位、深度、新旧痕、制动配件状态。(3)对事故车辆进行详细的技术检查并做好详尽记录，必要时应拍摄照片，并通知有关局、段、站来人共同确认。

34. 试述在列检作业时车列队更换 120 型控制阀作业过程。

答：(1)插设安全防护信号→关闭截断塞门→排风→卸下半自动缓解拉杆→卸主阀排气管→卸下主阀→滤尘网→阀垫。(2)检查滤尘网、阀垫状态→安装阀垫→安装滤尘网→安装经检修合格的主阀→主阀排气管→半自动缓解阀及拉杆→卸下另一端紧急阀→取下紧急阀垫并检查→清扫紧急阀安装座→取下滤尘网并检查→清扫紧急阀面，安装良好的紧急阀→进行落成检查→取木塞，开启截断塞门→通风涂肥皂水，检查无漏泄→收回工具材料，离开轨枕→撤除安全防护信号。

35. 104 型分配阀在运用中产生自然缓解的原因是什么？

答：(1)当工作风缸系统的各连接处、缓解阀和塞门发生漏泄时，能产生制动机自然缓解。(2)充气止回阀开胶而造成自然缓解现象。当止回阀开胶后，特别是在减压量较大时，引起副风缸压力空气向制动管逆流，导致制动管增压而产生自然缓解。

36. 现场检车员如何对因软管漏泄、主支管漏泄或破损而造成的事故进行调查？

答：(1)勘查现场，详细检查机车、线路及其他设备。检查记录机车、车辆、线路及设备情况。(2)记录发生地点、铁路局集团公司、车辆段、列检作业场、线路名称、区间(站)、里程、曲线半径、线路坡度、发生时间、调度通知时间、出动时间、到现场时间、图定时间、实际时分、晚点时分、开通时分、处理完时分；车辆概况、车种车型车号、定期检修的单位及日期、故障车编挂位置、漏泄部位状态、配属局段、处理及原因。(3)对事故车辆进行详细的技术检查并做好详尽记录，必要时应拍摄照片，并通知有关局、段、站来人共同确认。

37. 车辆的修程是如何规定的？

答：车辆实行计划预防修，并逐步扩大实施状态修、换件修和主要零部件的专业化集中修。客车和特种用途车实行以走行公里为主、时间周期为辅的计划预防修，最高运行速度不超过 120 km/h 的客车修程分为厂修、段修、辅修，最高运行速度超过 120 km/h 的客车修程分为 A4、A3、A2、A1；货车修程分为厂修、段修、辅修。检修周期及技术标准按相关车辆检修规程执行。

38. 现场检车员如何对因折角塞门破损而造成的事故进行调查？

答：(1)勘查现场，详细检查机车、线路及其他设备。检查记录机车、车辆、线路及设备情况。(2)记录发生地点、铁路局集团公司、车辆段、列检作业场、线路名称、区间(站)、里程、曲线半径、线路坡度。发生时间、调度通知时间、出动时间、到现场时间、图定时间、实际时分、晚点时分、开通时分、处理完时分；车辆概况、车种车型车号、定期检修的单位及日期、故障车编挂位置、制造厂代号及日期；折角塞门破损部位、新旧痕比例、检修单位日期、丝扣状态、异物名称、其他原因。(3)对事故车辆进行详细的技术检查并做好详尽记录，必要时应拍摄照片，并通知有关局、段、站来人共同确认。

39. 现场检车员如何对因截断塞门破损而造成的事故进行调查?

答:(1)勘查现场,详细检查机车、线路及其他设备。检查记录机车、车辆、线路及设备情况。(2)记录发生地点、铁路局集团公司、车辆段、列检作业场、线路名称、区间(站)、里程、曲线半径、线路坡度发生时间、调度通知时间、出动时间、到现场时间、图定时间、实际时分、晚点时分、开通时分、处理完时分;车辆概况、车种车型车号、定期检修的单位及日期、故障车编挂位置、制造厂代号及日期、截断塞门破损部位、新旧痕比例、是否法兰联合体、连接部位状态、异物名称、其他原因。(3)对事故车辆进行详细的技术检查并做好详尽记录,必要时应拍摄照片,并通知有关局、段、站来人共同确认。

40. 在列检作业场现场检车员遇有钩尾销丢失时应如何进行处理?

答:遇有钩尾销丢失时,应关闭两折角塞门切断风源,然后立即与有关人员联系,插设安全防护信号,并就近在关门车上卸下一个移动杠杆和一条人力制动机链,然后两人抬起被拉出的车钩装在钩尾框内,用移动杠杆穿入钩尾销孔后,用钩尾销螺栓及螺母紧固,再用人力制动机链捆绑于钩尾框和钩身上,然后连结车钩,接好新的风管,开通折角塞门。

41. 列车在中途区间发生截断塞门破损时应如何进行处理?

答:列车行至中途区间发生截断塞门破损造成紧急停车时,应立即奔赴出事地点,首先关闭该车的两端折角塞门、观察破损排风部位,然后与机车司机、车长或有关人员联系,经同意处理时,插设安全防护信号返回出事地点。进行处理时,如果制动支管为 32 mm,可借用机车前端和列车最后一辆车后部的两根制动编织软管总成,将一根安装于主管丁形接头处,另一根安装于定心集尘器上,然后将两制动编织软管总成相互连接。如果机车前端或最后一辆车后部的风管是坏管时,可直接卸下制动支管,找一根圆木楔前端绑两圈破布打入丁形三通内,并用铁丝捆绑牢固(本车失去制动作用),然后开通该车前端的折角塞门,观察是否漏泄。如漏泄量较大应再次进行处理;如漏泄量不超过规定或不漏泄时,再把后端折角塞门开放,也可与列车尾部最后一辆车的截断塞门进行调换使用。

42. 列车运行途中,发生制动抱闸应如何应急处置?

答:列车途中发生制动抱闸故障时,应先关闭故障车辆截断塞门,排尽副风缸余风并检查确认车辆处于缓解状态后放行至前方站或列检作业场处理;属于制动机、闸调器内部故障造成基础制动杠杆、制动缸活塞推杆不回位时,可拆卸制动缸后堵、闸瓦、制动杆件等迫使车辆处于缓解状态或闸瓦离开车轮踏面,并对制动梁、杠杆、拉杆等采取防移位、脱落等捆绑措施后,放行至前方站或列检作业场处理。

43. 在中途、区间对车辆进行应急处理时,如遇没有工具、材料,检车员应如何处理?

答:作为一名现场检车员除能对车辆进行认真检修外,还要掌握车辆的应急处理知识,只有熟练掌握货车故障的应急处理，才能在遇到中途停车，车辆发生故障时不忙乱。故障往往都是在中途、区间突然发生的，因此所需工具、材料身边不可能都有，在这种情况下就要发挥自己的主观能动性，如配件互换，材料调用，一种工具多用或零件借用，铁丝捆绑，附近就地取材等；另一种方法是到机车上借用工具，材料，一般机车上都有一些必要的工具、材料。总之，应急处理时不管采取什么方法，使用什么工具、材料，只要能使列车安全到达前方列检所，就算达到了目的。

44. 货车行车故障应急救援处置中，如何进行紧急制动故障排查？

答：列车途中发生紧急制动故障时，应先关闭机后第一位货车前端折角塞门，判明是否为机车故障。如机车无故障，应采取“分段检查法”迅速判明故障车辆位置，根据故障类型确定应急处理方案。属于制动支管、各风缸、制动阀等空气制动配件破损、漏泄造成的，应关闭故障车辆截断塞门后放行至前方站或列检作业场处理；属于制动主管、折角塞门、编织制动软管总成破损、漏泄造成的，应采取分割运行或关闭故障车辆前一位车辆的后端折角塞门，将故障车辆拉至就近车站甩车处理。

45. 试述转 8A 型转向架侧架“凹”字检查视线流程。

答：车体地板→侧架→承载鞍→轴承→车轮→闸瓦及闸瓦插销→制动梁→侧架→车体地板→侧架→斜楔→摇枕→摇枕弹簧→侧架→摇枕弹簧→摇枕→侧架→车体地板→侧架→制动梁→闸瓦及闸瓦插销→车轮→轴承→承载鞍→侧架→车体地板。（单侧）

46. 试述转 8AG、转 8G、转 K2、转 K6 型转向架侧架“凹”字检查视线流程。

答：车体地板→侧架→承载鞍→轴承→挡键→车轮→交叉支撑装置→闸瓦及闸瓦插销→侧架→车体地板→侧架→斜楔→摇枕→摇枕弹簧→侧架→摇枕弹簧→摇枕→斜楔→侧架→车体地板→侧架→闸瓦及闸瓦插销→交叉支撑装置→车轮→挡键→轴承→承载鞍→侧架→车体地板。（单侧）

47. 试述转 K4、转 K5 型转向架侧架“凹”字检查视线流程。

答：车体地板→侧架→承载鞍→轴承→挡键→车轮→闸瓦及闸瓦插销→制动梁→侧架→车体地板→侧架→摇枕→斜楔→摇枕弹簧→弹簧托板→侧架→摇枕弹簧→摇枕→斜楔→侧架→车体地板→侧架→制动梁→闸瓦及闸瓦插销→车轮→挡键→轴承→承载鞍→侧架→车体地板。（单侧）

48. 试述车钩缓冲部位“e”字检查视线流程。

答：从板座→缓冲器→钩尾框→钩尾框托板→牵引梁→从板→钩尾销→钩托梁→钩体→钩锁→钩舌销→制动软管→钩托梁→钩尾销→从板→牵引梁→钩尾框托板→钩尾框→缓冲器→从板座→车轮→车体地板→折角塞门→端梁→人力制动机轴链→人力制动机滑轮→人力

制动机拉杆→车体地板→车轮→车体地板→折角塞门→端梁→人力制动机轴链→人力制动机滑轮→人力制动机拉杆→车体地板→脱轨自动装置→车轮。

49. 试述铁路货车底架中部(120型制动机)"三"字检查视线流程。

答:流程(一):车轮→车体地板。车体地板→车号自动识别标签→制动缸前杠杆及托架→闸调器。车轮→车体地板→人力制动机拉杆、链、吊架→附加杠杆及托架→制动缸→车体地板。流程(二):车体地板→连接管→副风缸→车轮。车体地板→制动缸后杠杆→上拉杆→截断塞门及远心集尘器。车体地板→120型控制阀→加速缓解风缸→降压风缸→车轮。

50. 试述转8A型转向架"8"字检查视线流程。

答:车轮→闸瓦及闸瓦插销→闸瓦托→制动梁端轴→摇枕弹簧→制动梁安全链→制动梁梁体→下拉杆及圆销、开口销移动杠杆→制动梁支柱及圆销、开口销→上拉杆及圆销、开口销→下心盘螺栓→制动梁梁体→安全吊→制动梁梁体→制动梁安全链→车轮→闸瓦及闸瓦插销→闸瓦托→制动梁端轴→摇枕弹簧→摇枕→摇枕弹簧→制动梁端轴→闸瓦及闸瓦插销→闸瓦托→车轮→制动梁安全链→制动梁梁体→下拉杆及圆销、开口销→固定杠杆→制动梁支柱及圆销、开口销→固定支点圆销、开口销→下心盘螺栓→制动梁梁体→安全吊→制动梁梁体→制动梁安全链→摇枕弹簧→制动梁端轴→闸瓦托→闸瓦及闸瓦插销→车轮。

51. 试述转K4、转K5型转向架"8"字检查视线流程。

答:车轮→闸瓦及闸瓦插销→闸瓦托→制动梁端轴→制动梁梁体→制动梁安全链→固定支点圆销、开口销→固定杠杆→中拉杆及圆销、开口销→上制动梁支柱及圆销、开口销→制动梁支柱夹扣→下心盘螺栓→脱轨制动装置→制动梁梁体→制动梁安全链→车轮→闸瓦及闸瓦插销→闸瓦托→制动梁端轴→摇枕弹簧→摇枕→摇枕弹簧→制动梁端轴→闸瓦及闸瓦插销→闸瓦托→车轮→制动梁梁体→制动梁安全链→上拉杆及圆销、开口销→移动杠杆→中拉杆及圆销、开口销→制动梁支柱及圆销、开口销→制动梁支柱夹扣→下心盘螺栓→脱轨制动装置→制动梁梁体→制动梁安全链→制动梁端轴→闸瓦托→闸瓦及闸瓦插销→车轮。

52. 试述转8AG、转8G、转K2、转K6型转向架"8"字检查视线流程。

答:交叉杆→摇枕弹簧→闸瓦及闸瓦插销→车轮→安全索→制动梁端轴→固定支点及圆销、开口销→制动梁支柱及圆销、开口销→中拉杆及圆销、开口销→制动梁支柱夹扣→下心盘螺栓→制动梁梁体→交叉杆扣板螺栓→车轮→闸瓦及闸瓦插销→闸瓦托→安全索→制动梁端轴→交叉杆→摇枕弹簧→摇枕→摇枕弹簧→交叉杆→闸瓦托→闸瓦及闸瓦插销→车轮→安全索→制动梁端轴→上拉杆及圆销、开口销→中拉杆及圆销、开口销→制动梁支柱及圆销、开口销→制动梁支柱夹扣→下心盘螺栓→制动梁梁体→交叉杆扣板螺栓→车轮→闸瓦及闸瓦插销→闸瓦托→安全索→制动梁端轴→摇枕弹簧→交叉杆。

53. 在现场作业时如何使用新型上锁销组成的检测样板检查上锁销杆挂钩?

答:(1)按规定插设安全防护红旗(或红灯),在沿途车站调查处理车辆故障使用时,将红旗(或红灯)插挂在车端部;要求红旗无破损、污迹,旗面展开;红灯明亮。(2)上锁销杆挂钩上圆弧至顶部距离,将检测样板置于上锁销杆处,能够卡入则符合要求(距离限度要求不大于105.5 mm)。(3)测量完毕后撤除安全防护红旗(或红灯)。要求轻拿轻放、不磕碰检测样板;擦拭完后,按规定恢复原状并放置在规定位置。

54. 在现场作业时如何使用新型上锁销组成的检测样板检查上锁销组成连接铆钉的直径?

答:(1)按规定插设安全防护红旗(或红灯),在沿途车站调查处理车辆故障使用时,将红旗(或红灯)插挂在车端部;要求红旗无破损、污迹,旗面展开;红灯明亮。(2)测量连接铆钉直径时,将检测样板水平对准铆钉并置于连接铆钉处,样板不能卡入则符合要求。(直径限度要求不小于13 mm)。(3)测量完毕后撤除安全防护红旗(或红灯)。要求轻拿轻放、不磕碰检测样板;擦拭完后,按规定恢复原状并放置在规定位置。

55. 如何判定配件在制造质量保证期限内发生故障的责任?

答:(1)在正常使用条件下,凡在制造质量保证期限内配件发生质量问题时,须由配件制造单位承担质量保证责任,装用单位承担装用责任。(2)车辆在检修中因设计、制造原因,须改造的项目或零部件在质量保证期内超过段修限度或产生裂损等影响使用的缺陷,需更换的零部件由车辆制造或检修单位无偿以旧换新,车辆制造或检修单位继续向配件生产单位进行质量追溯。(3)在使用寿命期内,因内部缺陷造成事故时由配件制造单位负责,质量保证期时间统计精确到月。

56. 在列检作业场现场作业时如何使用塞尺测量旁承间隙?

答:(1)按规定插设安全防护红旗(或红灯),在沿途车站调查处理车辆故障使用时,将红旗(或红灯)插挂在车端部;要求红旗无破损、污迹,旗面展开;红灯明亮。(2)测量时,分别检测同一转向架左、右侧上旁承下平面至下旁承上平面之间的间隙,实测值为旁承间隙,两实测值之和为左、右两侧旁承间隙之和。用塞尺分别插入左、右两侧上、下旁承之间平面处并接触,直接从刻度线读出旁承游间的数据。(3)间隙旁承:同一转向架左右旁承间隙之和为2~20 mm,铁路货车任何一侧旁承间隙须大于0,载重280 t及以上长大货物车须大于2 mm。双作用弹性上下旁承间隙为0。双作用弹性旁承滚子或JC-1型旁承尼龙支承板与上旁承间隙须大于0。(4)测量完毕后撤除安全防护红旗(或红灯)。要求轻拿轻放、不磕碰塞尺;擦拭完后,按规定恢复原状并放置在规定位置。

57. 大件修范围是如何规定的?

答:大件修范围规定如下:(1)更换、补装:钩舌、钩舌推铁、钩锁、下锁销组成、车钩托梁、空车摇枕弹簧及减振弹簧、制动阀、制动软管、折角塞门、直端塞门、截断塞门、组合式集尘器、远心集尘器、罐车卡带圆销等。(2)调整:互钩差、脚蹬及车梯扶手弯曲、钩提杆链松余量等。(3)恢复:承载鞍错位,摇枕弹簧及减振弹簧窜出,钩体支撑座、钩尾框托板、钩尾销托梁含油尼龙磨耗板窜出等。(4)修复:主管、支管、连通管漏泄,下拉杆下垂超限、关门车等。

58. 试述 TFDS 动态检车员检查侧架立柱磨耗板故障的判断方法。

答:侧架立柱磨耗板折断或丢失的判断依据主要是看斜楔与侧架之间的定位,当立柱磨耗板丢失后,相对于正常立柱磨耗板,斜楔与侧架就会出现间隙。斜楔磨耗板的折断处会出现明显的颜色变化,由此可以判断出磨耗板的破损。

59. 试述 TFDS 动态检车员检查承载鞍错位的判断方法。

答:承载鞍移位是比较常见的故障,垫板窜出、承载鞍挡边折断也易发生,因此在检查作业时重点要看导框部位。承载鞍应与侧架导框平行,此类故障多发生在空车,应该用平行的角度以侧架为参照物来判别此类故障,特别注意平车承载鞍导框间隙。

60. 试述 TFDS 动态检车员检查轴端螺栓折断的判断方法。

答:轴端螺栓主要存在三种故障形态,即折断、松动、丢失。在图像中形成有序的三角形排列。施封锁成"S"形或"O"形卷曲或施封锁折断,说明轴端螺栓可能出现了松动;螺栓出现圆销类丢失故障特征和施封锁折断说明是丢失情况;三个螺栓的排列位置发生变化,三角形状发生位移,且施封锁未折断,说明轴端螺栓出现折断类故障。检查最关键的是将图像放大,确认各部状态。

61. 转 K2 型转向架的特点是什么?

答:转 K2 型转向架属于带变摩擦减振装置的新型铸钢三大件式货车转向架,最高运行速度为 120 km/h,特点如下:(1)采用侧架下弹性交叉支撑装置,使 2 个侧架在水平面内实现弹性交叉连接。(2)中央悬挂系统采用两级刚度悬挂设计。(3)采用双作用常接触滚子旁承结构。(4)采用针状铸铁斜楔等耐磨材料,提高了减振装置使用寿命。(5)加设心盘磨耗盘。(6)主要摩擦副均采用耐磨件。

62. 转 K3 型转向架的特点是什么?

答:转 K3 型转向架主要用于对运行速度和运行品质要求较高的货车,该转向架采用整体构架、轴箱一系悬挂、轮对纵横向弹性定位、弹性常接触旁承等先进技术、具有较高的临界速度。在 120 km/h 速度范围内具有优良的运行品质,其最高线路试验速度达 140 km/h。该转向架由 H 形整体焊接构架、轴箱弹簧悬挂装置、轮对、弹性常接触式旁承及基础制动装置等组成。采用球面心盘、高分子磨耗板,高摩合成闸瓦及单侧斜楔减振装置,在与斜楔相对的导框中,加设了纵向定位弹簧。该转向架具有抗菱刚度高,安全、可靠,便于通过曲线,维修费用低等优点。

63. 简述人机分工 TFDS 动态检车员对基础制动装置及制动缸前后杠杆的检查范围及质量标准。

答:制动梁梁体、支柱无折断,支柱夹扣螺母无丢失,闸瓦托下铆钉无丢失,制动梁、制动梁安全链无脱落;闸瓦无折断、丢失,磨耗不超限,闸瓦插销安装位置正确,闸瓦插销环无丢失;基础制动装置的各拉杆、杠杆、圆销及开口销无折断、丢失,固定杠杆支点座、固定杠杆支点、固定杠杆支点链蹄环、制动缸后杠杆支点及圆销、开口销无折断、丢失,拉铆销套无丢失,拉杆、杠杆吊架无折断、脱落,制动缸后杠杆支点组装螺母无丢失;固定杠杆支点座拉铆钉无丢失;下拉杆安全吊或索无脱落、丢失。

64. 简述人机分工 TFDS 动态检车员对车钩缓冲装置的检查范围及质量标准。

答:钩体、牵引杆、钩尾框无折断;钩舌销无折断、丢失,钩舌销开口销无丢失;钩锁锁腿无折断,下锁销组成配件无丢失、脱落;钩提杆及复位弹簧无折断、丢失;从板无折断、丢失,从板座、缓冲器无破损;安全托板、钩尾框托板、钩尾销托梁螺母、开口销无丢失;钩尾销插托无错位,螺母无松动、丢失;钩尾销及安全吊螺母无松动、丢失,13 号、13A 型钩尾框安全吊螺栓开口销无丢失,13B 型钩尾框钩尾销螺栓开口销无丢失;车钩托梁无折断,螺栓、螺母无丢失;钩体支撑座、钩尾框托板、钩尾销托梁、从板、缓冲器箱体含油尼龙磨耗板无窜出;钩体支撑座止挡铁及螺母或铆钉无丢失;车钩防跳插销及吊链无丢失,车钩防跳插销插设良好(到达作业故障时现场可不处理)。

65. 简述人机分工 TFDS 动态检车员对摇枕、侧架、一体式构架、副构架的检查范围及质量标准。

答:摇枕、侧架、一体式构架、副构架无折断;下心盘螺栓无折断,螺母及开口销无丢失;心盘无脱出;交叉支撑装置盖板及交叉杆体无折断、明显变形,扣板螺栓、铆钉无丢失,安全索无丢失,交叉杆端部螺栓无丢失;轴箱、摇枕弹簧无折断、窜出、丢失;转向架弹簧托板、折头螺栓无折断、螺母及开口销无丢失。横跨梁无折断,螺母及开口销无丢失。

66. 简述人机分工 TFDS 动态检车员对车体部分的检查范围及质量标准。

答:(1)横梁无折断;铁路货车车号自动识别标签无丢失。(2)防火板无脱落、丢失;端板或渡板无脱落、丢失;地板、浴盆板无破损,罐车下卸式排油管、加热管及盖无脱落。(3) TFDS 具备车体检查功能时还应检查:车门滑动轨道无折断,车门滑轮无脱出轨道;车门及车窗无脱落、丢失;车门折页及座无折断,圆销无丢失;车门锁闭装置配件无破损、丢失;墙板、门板无破损;罐车卡带无折断;脚蹬、车梯扶手及车端护栏无折断、丢失。

67. 简述人机分工 TFDS 动态检车员对空气制动装置的检查范围及质量标准。

答:制动缸、副风缸、加速缓解风缸、容积风缸、降压风缸无脱落、丢失,吊架无脱落;制动阀防盗罩无脱落;制动主管、支管、连接管无折断,卡子及螺母、法兰螺母无丢失;空重车自动调整装置限压阀、调整阀无丢失,横跨梁无折断,螺母及开口销无丢失;制动软管、远心集尘器及组合式集尘器、缓解阀无丢失，制动软管连接状态良好，制动软管吊链无丢失，挂钩与制动软管无脱出，制动软管堵及吊链无丢失；缓解阀拉杆、空重车调整杆无折断、脱落、丢失；缓解阀拉杆开口销无折断、丢失，吊架无脱落；折角塞门、直端塞门手把无关闭（列尾端未挂列尾装置的除外），截断塞门手把无关闭，折角塞门、直端塞门手把及卡子无丢失；闸调器无破损、闸调器螺杆连接螺母防松垫圈及开口销无丢失；脱轨自动制动装置拉环无脱落，拉环无丢失，塞门手把无关闭（中转作业故障时现场可不处理）；集成制动装置闸调器控制杆螺母及锁紧螺母无丢失，制动缸连接软管无脱落，制动缸安装拉铆销套环无丢失。

68. 在列检作业场现场作业时如何使用 LLJ-4D 型第四种检查器测量踏面擦伤深度？

答：(1)按规定插设安全防护信号，在沿途车站调查处理车辆故障使用时，将红旗（或红灯）插挂在车端部。要求红旗无破损、污迹，旗面展开；红灯明亮。(2)将定位角铁与车轮内侧面密贴，并使轮辋宽度测头与车轮踏面接触。(3)推动轮辋宽度测尺尺框，使其测头落入擦伤最深处，测量此处轮缘高度值记作 h_1。(4)测量同一圆周未擦伤处，轮缘高度值记作 h_2，擦伤深度为 h_1-h_2 的差值。(5)测量完毕后撤除安全防护信号。要求轻拿轻放，不磕碰检查器；擦拭完后，按规定恢复原状并放置在规定位置。

69. 在列检作业场现场作业时如何使用 LLJ-4D 型第四种检查器测量车轮轮辋宽度？

答：(1)按规定插设安全防护信号，在沿途车站调查处理车辆故障使用时，将红旗（或红灯）插挂在车端部；要求红旗无破损、污迹，旗面展开；红灯明亮。(2)移动轮辋测尺尺框，使定位销落入销孔内，然后锁紧其锁紧螺钉。(3)将定位角铁与车轮内侧面密贴，并使轮辋宽度测头与车轮踏面接触。(4)推动轮辋宽度测尺尺框，使其测量头与车轮外侧面贴靠，从游标中读取轮辋宽度值。如果踏面有辗宽，应减去辗宽值。(5)测量完毕后撤除安全防护信号。要求轻拿轻放、不磕碰检查器；擦拭完后，按规定恢复原状并放置在规定位置。

70. 试述 TFDS 动态检查交叉杆端部紧固螺栓松动的判断方法。

答：交叉杆端部紧固螺栓松动不是以螺栓来判断的，而是以锁紧板的状态间接地去分析螺栓的状态。判断此类故障应注意两点：一是看锁紧板是否存在卷边或弯曲变形；二是看锁紧板在交叉杆支撑座中的位置，不管锁紧板自身制作的形状如何，只要没有卷边或弯曲变形，锁紧板的各边全部卡在支撑座的卡槽内，可以认为紧固螺栓是正常的，如果锁紧板有任何一条边跳上支撑座卡槽，说明端部紧固螺栓松动。正常交叉杆锁紧板应与侧架支撑座对称安装，当螺栓松动后，锁紧板位置发生旋转位移；当设备的定位角度发生变化，要现场移动予以确认交叉杆端头螺栓是否松动。交叉杆端头螺栓丢失的故障，由动态检车员通过观察判断，锁紧板一同丢失会导致该部位形成一个黑洞。

71. 试述 TFDS 动态检车员检查交叉杆折断的判断方法。

答：交叉杆固定在侧架上，动态检车员检查时应重点检查交叉杆杆体和夹板。交叉杆杆体表面易有油渍、黑印，检查时要重点检查判断。交叉杆折断一般发生在杆体根部，与夹板接触的位置，交叉杆裂损、折断的故障特征一般为黑印或者亮痕，一般情况下交叉杆折断后，杆体与夹板错位、有裂缝，较为严重的折断故障造成交叉杆脱落；交叉杆杆体根部一般在两张图片拼接处，在检查时应将图片放大仔细查看。

72. 试述 TFDS 动态检车员检查摇枕弹簧故障的判断方法。

答：(1)两组摇枕弹簧应该是平行对称的，在摇枕内侧检查时应该只能看到部分外簧，如果看到了摇枕弹簧内簧，则判断该组摇枕弹簧窜出；通过两组弹簧的相互对比检查，如果其中一组在视觉上显示空旷则判定为丢失。(2)摇枕两侧的枕簧必须对比观察，当摇枕弹簧折断时，可以根据枕簧挠距是否均匀、排列是否整齐进行分析判断。当枕簧挠距明显不均匀时，甚至无间隙时，可以判断为枕簧折断。

73. 发生事故时，检车员如何判定货车报废？

答：破损程度达到下列条件之一时报废处理：(1)需要更换中梁一根及切换另一根中梁的。(2)需要更换中梁一根及底架上枕、横梁 40%的。(3)需要更换中梁一根及侧梁一根的。(4)因事故底、体架破损严重、确无修复价值的(如钢质焊接结构车，底、体架需解体 1/2 以上的)。各梁更换条件：需截换全梁长度 25%以上；或补强板超过梁高 1/2，且各块补强板长度总和超过梁长 25%。

74. 试述 TFDS 动态检车员检查制动梁故障的判断方法。

答：制动梁是 TFDS 动态检车员检查的重点部位。L 形制动梁折断故障多发生在靠近闸瓦托的位置。闸瓦远离车轮踏面和制动梁有下垂时，是制动梁脱出滑槽的表现，由于 TFDS 相机焦距的改变，制动梁两端的图像大小比例失调。支柱故障以丢失类为主，可造成制动梁支柱倾斜。支柱下片多以折断为主，支柱折断故障大部分都发生在下片，上片发生几率很小。

75. 动态检车员如何对因远心集尘器破损而造成的事故进行调查？

答：(1)勘查现场，详细检查机车、线路及其他设备。检查记录机车、车辆、线路及设备情况。(2)记录发生地点、铁路局集团公司、车辆段、列检作业场、线路名称、区间(站)、里程、曲线半径、线路坡度、发生时间、调度通知时间、出动时间、到现场时间、图定时间、实际时分、晚点时分、开通时分、处理完时分；车辆概况、车种车型车号、定期检修的单位及日期、故障车编挂位置、制造厂名代号及日期、远心集尘器破损部位、新旧痕比例、检修单位日期、连接部位情况、异物名称、新旧痕。(3)对事故车辆进行详细的技术检查并做好详尽记录，必要时应拍摄照片，并通知有关局、段、站来人共同确认。

76. 列车运行途中远心集尘器破损，因其编挂所处位置无法关门时该如何处理？

答：(1)集尘器两端都为 32 mm 丝扣的处理方法是：卸下集尘器、截断塞门及支管，将弯头装在主管三通上，并将截断塞门安装在三通阀支管内外丝上，然后在弯头及截断塞门上各安装上软管，连结软管后就可以进行通风。(2)集尘器一端为 32 mm，另一端为 25 mm 的处理方法是：当立上管为 32 mm，其余支管为 25 mm 时，将支管弯头卸下，安装于三通阀支管上；同时再将 32 mm 的弯头安装于立管上。然后分别安装制动编织软管总成，互相连结后，即可通风。(3)将圆销插入胶皮圈内，然后穿入集尘器上体，用铁线捆绑牢固。

77. 在现场调查车辆脱轨时应记载哪些主要内容?

答:发生车辆脱轨调查记载的主要内容有:(1)车轮脱轨点处轮缘与钢轨的情况，应区分车轮:爬上钢轨、跳上钢轨或垫上钢轨。(2)脱轨点至停车的距离及轮对走行的轨迹。(3)道床、轨构、钢轨、辙叉、岔尖及护轮轨的技术状态。(4)脱轨轮对内侧距离。(5)轮缘厚度、圆周磨耗深度及垂直磨耗状态。(6)制动配件有无脱落。(7)脱轨时机车操纵牵引情况。(8)脱轨处的线路曲线半径及顺坡率。(9)车辆装载货物情况。(10)心盘及旁承的技术状态。

78. 列车在中途区间发生制动梁脱落时应如何进行处理?

答:列车运行至区间发生制动梁脱落造成临时停车时，应立即奔赴出事地点，观察并查找制动梁脱落原因，然后插设安全防护信号通知司机严禁动车，必要时设专人瞭望，然后返回出事地点。首先关闭该车截断塞门，然后卸下该车和邻车两根人力制动机链，用人力制动机链将脱落的制动梁绕紧，并用螺栓及螺母紧固好，再将人力制动机链的另一端(带螺栓端)用螺栓穿于摇枕上，安全链孔内将螺栓用螺母紧固好，使制动梁吊起，使其停止制动作用。如果附近有较粗铁丝时可不必卸下人力制动机链，直接用铁丝将制动梁捆绑紧固于安全链孔处即可；如果由于制动梁脱落造成制动梁弯曲变形时，以上方法解决不了，可直接将制动梁拆除，放于车内使其停止制动作用。

79. 对货物列车中编挂的客车如何进行检查?

答:(1)车轮轮缘垂直磨耗、内侧缺损不超限，踏面擦伤、剥离、凹下、缺损、圆周磨耗不超限，轮缘厚度、轮辋厚度符合规定。(2)闸瓦及闸瓦插销无折断、丢失，闸瓦磨耗不超限，闸瓦插销正位。(3)与铁路货车连接的车钩、制动软管的连接状态良好。(4)通过台有铁风挡的旧型客车不得与装用 16、17 型车钩的铁路货车直接连挂。(5)客车与除平车、平车—集装箱共用车以外的货车混编连挂时，不得与货车有人力制动装置端连挂；客车与平车、平车—集装箱共用车人力制动装置端连挂时，平车、平车—集装箱共用车的人力制动装置不得使用，处于非工作状态。(6)客车制动机试验由随车车辆乘务员负责。发现客车故障是否需要扣车，由列检作业场决定，对随车车辆乘务员预报的客车故障，列检作业场应积极配合处理。

80. 列车行至中途区间发生制动抱闸时应如何进行处理?

答:当列车在区间发生制动抱闸时，应立即检查观看抱闸原因，需要就地处理时，插设安全防护信号，要检查前后邻车是否都是关门车。如果不是可关闭该车截断塞门，排除副风缸的压力空气，通知司机开到前方站进行制动机试验和车辆检查。如果前后邻车均是关门车时，就要检查邻车的关门原因。如果邻车关门不是由于制动机故障且三通阀型号与抱闸车一样，可将抱闸车的三通阀与关门车的三通阀调换，调换后进行制动机试验如良好可放行。如果抱闸车是因手闸紧固抱闸时，可将人力制动机掣子锤抬起，反方向转动手闸轮，使手闸松开。如果手闸杆弯曲，手闸松不动时，可将人力制动机链螺栓卸下或将人力制动机链滑轮卸下均可将手闸松开。如果是因闸调器故障抱闸时应关闭截断塞门，排除副风缸（或工作风缸）的压力空气，然后将闸瓦间隙自动调整器的一端与制动缸移动杠杆连接的圆销拆卸下来，用铁丝把闸瓦间隙自动调整器捆绑在托架上。在处理过程中，也可以卸下上拉杆圆销或固定支点圆销，如果是因闸瓦熔化贴在车轮上，可用扁铲将贴在车轮踏面上的熔渣铲除即可。

81. 试述 TFDS 动态检车员检查大部件裂纹、裂损的判断方法。

答：由于大部件上容易存在油迹和水迹，跟裂损故障容易产生混淆，所以在大部件故障裂损的判断上主要采用排除法。“侧架摇枕制动梁，受力部位看端详”，重点检查这些大部件时应先排查这些大部件容易发生裂损的部位，如侧架三角孔、导框部位，摇枕的排水孔，制动梁梁架靠近端轴部位等。“弯角销孔横断面，曲是直非不管穿”，在容易发生裂损部位的销孔、弯角、横断面处进行重点检查，裂损故障在图像上显示的多为曲线，核查在部件上的两个起点没有超过此部件的横断面且没有形成贯通；以侧架导框为例，如果线形从导框下平面一直延伸至上平面，侧架导框在车体质量的作用下早已折断，所以此类由下到上的贯通线形可以排除掉裂损的可能。“裂纹起点必走边，弯弯曲曲向外钻”，裂纹都是从一个边角或是铸造缺陷处开始，逐步地向外延伸，如果线形处在大部件的中部，可以排除掉裂损的可能；裂损开始的部位是由受力最大的部位开始，如果线形开始的边缘和受力部位相反，以侧架为例，如果线形从上平面开始也可以排除掉裂损的可能。“头粗尾细色分明，线形粗直是印迹”，按照裂损产生的特点，裂损起点处的间隙比末端的要大；一般裂纹、裂损所产生的线形都非常的细，如果发现大部件上的线形比较粗直可以排除裂损的可能。

82. 试述 TFDS 动态检车员检查车辆抱闸的判断方法。

答：列车在通过 TFDS 探测站观察列车进站情况，看列车在探测站是否存在减速或停车的情况。“活塞在外前后比，侧架部位亮火星”，在检查过程中查看制动缸活塞情况，如果列车没有减速、停车，在检查过程中发现制动缸活塞处于制动状态，应怀疑制动阀的缓解作用是否正常，同时对同一列车其他制动缸活塞进行联锁判断。如果同一列车制动缸活塞有三件及以上处于制动状态时应属正常情况，如果同一列车制动缸活塞有三件以下处于制动状态时，很可能此辆车存在缓解不良故障。同时在侧架部位对此辆车的闸瓦状态进行部位之间的互控，形成中间部、转向架底部、侧架部三个部位之间的联防联控。

83. 在列检作业场现场作业时发现轮对有哪些故障时需要更换？

答：(1)车轴有横裂纹时。(2)车轴纵裂纹超过规定限度时。(3)两轮间轴身上有磨、碰、弹伤或电焊、打火等缺陷，经处理后痕迹深度达 2.5 mm 时。(4)轴颈、轴领、防尘板有磨、碰、拉伤时。(5)轴颈因燃轴而弯曲变形时。(6)轴端螺纹或轴端螺栓孔损伤,不能起紧固作用时。(7)整体车轮有裂纹时(踏面剥离前期的裂纹除外)。(8)轮对磨耗、擦伤、剥离、凹入、缺损过限时。(9)轮毂移动或车轮窜动时。(10)轮座与轮毂接缝处透出红锈铁粉时。(11)空车脱轨造成轴身弯曲使轮对内距三点差超过规定时。(12)车辆颠覆或脱轨时。

84. 在列检作业场现场作业发现滚动轴承故障时应如何检查?

答:(1)关闭故障车辆的截断塞门,排尽副风缸风压(截断塞门手把必须关到位,手把与塞门成 90°,手把中心线距到位点的角度不得大于 15°)。(2)用手拉动缓解阀拉杆排尽副风缸余风(副风缸内存风必须排干净才松开拉杆)。(3)安装止轮器(在本转向架非转动端轮对踏面下分别安装 2 个止轮器,共计 4 个。安装止轮器密贴车轮踏面)。(4)卸下挡键开口销。(5)卸下挡键螺母和螺栓(用活扳手固定挡键螺栓上盖,下部活扳手要搭牢不发生滑扣),取下挡键。安装卡具下部挂钩要挂入槽,紧固顶丝无松动。(6)选择合适地基铺设轨枕垫,最好铺设在轨枕上方。(7)架设千斤顶并垫防滑垫,保持镐身与地面垂直,向右侧旋转关紧油门。(8)抬升千斤顶,使侧架连带承载鞍离开轴承外圈并保持一定间隙。(9)转动检查判断轴承故障,要注意听轴承内有无异音,手感有无不匀和卡阻现象。(10)落下千斤顶时开油门要缓慢开启、缓慢落下,不得猛落以防对轴承造成伤害。(11)平行将千斤顶取出,不发生倾斜,以免损伤千斤顶。(12)取出轨枕垫应及时快速取出。(13)卸下承载鞍卡具。(14)安装轴承挡键,紧固挡键螺栓、螺母。

85. 车辆钢铁配件断裂情况可分为几种? 各有何特点?

答:车辆钢铁配件断裂可分为三种情况:(1)脆性断裂,其特点是表面无显著变形,断面凹凸不平,并且都是新痕。脆性材料如铸铁闸瓦,其断裂表面常有此现象。当配件受硬性冲击时会发生脆性断裂,如调车溜放时冲击速度太高而引起车钩断裂。此外,材料内部的夹灰、夹渣气孔等缺陷,也能引起脆性断裂。(2)塑性断裂,其特点是断裂表面有明显的塑性变形。例如,轴颈在高温下变软后,受反复弯曲作用而被拉长,以致切轴,其断裂处有显著缩口。(3)疲劳断裂,是指配件在长期交变载荷作用下所引起的折损,其特点是:① 折断处无显著塑性变形;② 断面可明显分为两部分:旧痕表面很光滑并呈暗褐色,这是因为配件裂纹处相对平面在长期交变载荷作用下互相研磨而形成的;新痕表面为银白色,与脆性断裂的断面相似,这是因为疲劳裂纹逐渐发展扩大,使受力断面越来越小,最后突然断裂。疲劳断裂是车辆配件最常见的断裂。一般情况下,受反复交变载荷作用的配件,其可能出现疲劳裂纹的应力大大低于该配件材料的强度极限。例如,车轴钢的强度极限为 490 MPa 以上;而其疲劳极限(可能出现疲劳裂纹的应力)则在 196 MPa 以下;疲劳断裂的另一个特点是有的车辆从使用到出现裂纹的时间比较长。例如,车轴轮座裂纹的实例统计表明,从组装到出现横裂纹的时间大多超过 8 年。由此可知,发生疲劳断裂的配件前期表面无显著的变形,直接发现是比较困难的。但由于疲劳裂纹的出现到配件断裂的时间比较长,只要采取严密的检修制度及科学的检查方法,是能够先期发现的。车辆配件发生断裂后，首先必须判定是脆性断裂还是疲劳断裂。如果是疲劳断裂，有旧痕的，其责任在检修部门；如果是脆性断裂，其责任在制造或运用部门。

86. 事故调查时，检车员如何判定车辆中破？

答：破损程度达到下列条件之一时：(1)中梁、侧梁、端梁、枕梁中任何一根弯曲或破损。(2)牵引梁折断一根（贯通式中梁牵引部分按中梁算，非贯通式及无中梁的按牵引梁计算）。(3)货车车体破损凹凸变形（不包括地板），敞车面积达25%，棚车、冷藏车、罐车面积达15%（火灾或爆炸烧损计算车体面积时，应包括地板在内）；0.8 m以下低边车和平车发生火灾或爆炸烧损面积达50%（包括端、侧板及地板）。(4)转向架的侧架、摇枕、均衡梁或轮对破损需要更换任何一项。(5)机械冷藏车、发电车的冷冻机、柴油机、发电机破损任何一项需要段修。(6)客车、发电车火灾或爆炸，内部烧损需要换修的面积达10 m^2（包括顶、端、侧、地、门板以及间隔板）。

87. 铁路货车运用维修工作主要任务有哪些？

答：(1)负责货物列车的技术检查、货物列车自动制动机性能试验（以下简称列车制动机试验）、铁路货车故障处置和修理（以下简称铁路货车故障处理）等。(2)负责定检到（过）期车、技术状态不良车（含沿途发生故障的铁路货车）及事故车的扣修和回送工作。(3)负责铁路货车运行安全监控系统的运用管理。(4)负责翻车机翻前卸后、散装货物解冻库（以下简称解冻库）解冻后的铁路货车的技术交接检查和故障处理。(5)负责进出厂矿、港口、地方铁路、合资铁路、专用铁路、企业专用线和工程临管线等单位的铁路货车的技术交接检查和故障处理。(6)负责国际联运货物列车的技术交接。(7)负责往返循环开行的快速货物班列、局管内固定编组开行的货物快运列车等整备作业。(8)负责铁路货车运用技术质量的分析、评价和管理，组织开展货物列车技术质量监控；负责铁路货车设计、新造、检修和主要配件的质量监督与反馈。(9)负责爱护铁路货车（以下简称爱车）工作，组织爱车宣传并指导、监督和检查铁路货车的使用，制止损坏铁路货车的行为，负责损坏铁路货车的索赔和管理。(10)按规定负责重点物资运输及超限货物列车和机械冷藏车的技术作业及车辆乘务等工作。(11)按规定协助进行铁路货车新车型、新技术、新型配件运用考核的相关工作。(12)参加相关铁路交通事故的调查和事故救援，协助铁路货车交通事故的处理和管理，负责铁路货车行车设备故障的调查、处理和管理。(13)国铁集团规定的其他有关工作。

88. 在现场作业时制动系统中旋压密封式制动缸出现故障应如何进行简单分析？

答：制动缸的故障主要有三类：制动缸不起制动作用和制动缸缓解不到位及制动缸出现漏泄。(1)制动缸制动时不起制动作用：当发现现场运用的制动缸出现该现象时，首先最可能的是橡胶密封圈出现故障，其次就分解检查活塞是否出现质量问题，活塞如果出现质量问题可导致橡胶密封圈出现偏磨，同时检查是否活塞有裂纹。(2)制动缸缓解不到位：首先要检查基础制动装置是否别劲和卡滞，排除基础制动装置的问题后，那么就可能是制动缸的弹簧出现质量问题，弹簧的刚度不满足要求。(3)制动缸出现漏泄：解体检查，看制动缸内壁、活塞及皮碗是否有质量问题。

89. TFDS 动态检车员发现哪些车辆故障应立即拦停？

答：(1)制动梁折断、脱落。(2)下拉杆脱落，圆销、开口销丢失。(3)制动梁支柱圆销、开口销丢失。(4)交叉杆折断。(5)折角塞门关闭。(6)制动缸及各风缸脱落。(7)闸瓦插销丢失、人力制动机紧固或与吊架卡滞、互钩差超限能够准确判断的。(8)钩提杆折断、脱落，人力制动机轴链脱落危及行车安全。(9)从板、从板座丢失，钩尾销或插托板螺栓折断、丢失。(10)重车地板破损影响行车安全。(11)平车端板脱落，具有车体侧部拍摄功能的设备检查发现敞车中门、其他车型检修门开放。(12)车辆搭载异物危及行车安全。(13)轴承冒烟、轴承前盖丢失、轴承外圈破损，轴端螺栓折断、丢失等其他危及行车安全的铁路货车故障。

90. 哪些机车车辆禁止编入列车？

答：(1)插有扣修、倒装色票的及车体倾斜超过规定限度的。(2)曾经发生冲突、脱轨、火灾、爆炸或曾编入发生特别重大、重大、较大事故列车内以及在自然灾害中损坏，未经检查确认可以运行的。(3)装载货物超出机车车辆限界，无挂运命令的。(4)装载跨装货物(跨及两平车的汽车除外)的平车，无跨装特殊装置的。(5)平车及敞车装载货物违反装载和加固技术条件的。(6)未关闭侧开门、底开门以及平车未关闭端、侧板的(有特殊规定者除外)。(7)由于装载的货物需停止自动制动机的作用，而未停止的。(8)企业自备机车、车辆、自轮运转特种设备和城市轨道车辆、进出口机车车辆过轨时，未经铁路机车车辆人员检查确认的。(9)缺少车门的(检修回送车除外)。(10)超过定期检修期限的客车车辆(经车辆部门鉴定的回送客车除外)禁止编入旅客列车。

91. 货物列车中关门车的编挂是如何规定的？

答：货物列车中因装载的货物规定需停止制动作用的车辆，自动制动机临时发生故障的车辆，准许关闭截断塞门(简称关门车)，但列检作业场所在站编组始发的列车中，不得有制动故障关门车。编入列车的关门车数不超过现车总辆数的 6%(尾数不足一辆按四舍五入计算)时，可不计算每百吨列车质量的换算闸瓦压力，不填发“制动效能证明书”；超过 6%时，按《铁路技术管理规程(普速铁路部分)》第 261 条规定计算闸瓦压力，并填发“制动效能证明书”交与司机。关门车不得挂于机车后部三辆车之内；在列车中连续连挂不得超过两辆；列车最后一辆不得为关门车；列车最后第二、三辆不得连续关门。对于不适于连挂在列车中部但走行部良好的车辆，经列车调度员准许，可挂于列车尾部，以一辆为限。如该车辆的自动制动机不起作用时，须由车辆人员采取安全措施，保证不致脱钩。

92. 车辆脱轨时需要对现场情况进行记载的内容包括哪些？

答：发生车辆脱轨调查记载的主要内容有：(1)车轮脱轨点处轮缘与钢轨的情况，应区分车轮;爬上钢轨、跳上钢轨或垫上钢轨。(2)脱轨点至停车的距离及轮对走行的轨迹。(3)道床、轨枕、钢轨、辙叉、岔尖及护轮轨的技术状态。(4)脱轨轮对内侧距离。(5)轮缘厚度、圆周磨耗深度及垂直磨耗状态。(6)制动配件有无脱落。(7)脱轨时机车操纵牵引情况。(8)脱轨处的线路曲线半径及顺坡率。(9)车辆装载货物情况。(10)心盘及旁承的技术状态。

93. 踏面圆周磨耗过限的危害有哪些?

答:(1)车辆沿直线线路运行时,主要是依靠车轮踏面的锥度来自动调节轮对,使其经常处在轨道的中间位置,防止轮缘偏磨。当运行至弯道时,则由于轮对偏向曲线外侧,故可依靠带有锥度的踏面使轮对圆滑地通过曲线。倘若踏面磨耗过甚,其锥度必然遭受破坏,就使车辆运行平稳性特别是横向平稳性下降。(2)踏面磨耗后,锥度受到破坏,使轮对通过曲线时车轮产生局部滑行。这样不但增加运行阻力和车轮与钢轨的磨耗,而且影响行车安全。(3)由于踏面凹入,使轮缘相对高度增加。当钢轨和踏面均磨耗到最大限度时,应保证轮缘顶部和钢轨接头夹板的连接螺栓及轮缘槽底不相碰,否则就有可能切断螺栓发生冲击,造成事故。

94. 车辆车体承受的载荷有哪些?

答:(1)车体本身的质量和装载在车体内的货物质量或旅客质量。由于车轮是载重之后在轨道上运行的,因此,除了静力作用外,还有上述载荷引起的动力作用。(2)机车和车辆或车辆之间连挂、调车、运用中将产生相当大的冲击力或牵引力。(3)当车辆通过曲线时,车辆的各部将产生向外甩的作用力,即离心力。(4)当车辆在不平坦线路上运行时或车体被不均匀地顶起时,将会引起车体承受扭转载荷。(5)车体底架上承受各种局部附加载荷。

95. 因车辆原因引起的脱轨因素包括哪些?

答:(1)转向架与车体的斜对称载荷、构架扭曲、弹簧刚度不一致、轮径不一致、前后心盘不平行或对角旁承压死等都能引起轮对一侧减载而造成脱轨。(2)旁承摩擦力过大,阻碍转向架转动,通过曲线时,使轮缘承受过大侧向压力引起脱轨(在采用旁承支重的转向架上易发生)。(3)轴箱定位刚度过大,使轮对与钢轨间侧向冲击力增大,易造成脱轨。(4)空车比重车易脱轨,这是因为空车弹簧挠度小,对线路扭曲的适应力差。(5)车辆重心位置过高,影响各轮垂直载荷的分配,也易引起脱轨。(6)旁承游间过大,能引起车辆过大的侧滚振动,对防脱轨安全性也有影响。(7)轮缘外侧粗糙,加大了轮轨间的摩擦力,很容易造成脱轨。

96. 如何分解组装 15 号车钩?(客车)

答:(1)分解车钩:提钩提杆开锁(注意不要形成全开位)→除钩引、手锤留在手上外,将其他工具放于左侧钢轨外侧(不能抛掷)→用手锤配合钩引打出钩舌销上部开口销→将手锤、钩引放于左侧钢轨外→一只手向上托钩舌销,另一只手拧下钩舌销螺帽,将螺帽放于渡板上→取下钩舌销放于左侧钢轨内侧(不允许放于道心,也不允许抛掷)→贴身拢抱取下钩舌,放于道心左侧(钩舌不允许直接落地)→取出钩舌推铁、钩锁铁放于钩舌右侧。(2)检查、清洗、给油:依次检查钩舌销、钩舌、推铁、锁铁完好，无裂纹和磨耗过限；清扫检查钩腔内牵引凸台无裂纹、缺损、磨耗过限，检查上、下钩耳无裂纹；各接触磨耗部及配件给油。(3)组装：装锁铁、推铁→贴身拢抱装上钩舌，推动钩舌形成闭锁→装钩舌销，拧紧钩舌销螺帽→装上开口销，劈开开口销双尾，角度为 60°～70°。(4)试“三态”及防跳：开锁看座锁，全开看灵活，闭锁看锁脚；全开不大于 250 mm，闭锁不大于 135 mm，闭锁位试防跳，向上托举锁铁，移动量不大于 15 mm。

97. 车辆制动机在运用中应具备哪些功能？

答：(1)制动机必须保证列车在正常速度运行时能够在规定的制动距离内停车。(2)列车分离时，制动机能保证分离的两部分车列自动停车。(3)有尽可能快的制动波速，以保证制动作用的迅速敏捷。(4)缓解波速也要快，尤其是对于长大列车就更加必要。(5)易于实施制动力的增减，以保证列车平稳地(无冲动)停车。(6)必须保证列车前部和后部车辆的制动与缓解的一致，以避免紧急制动时各车辆之间的剧烈冲动。(7)制动机结构简单可靠，便于制造与检修。

98. 电气化铁路区段的列检作业，须同时执行哪些规定？

答：(1)严禁直接、间接地与接触网导线接触，严禁攀到车顶、罐顶、机械冷藏车冷冻机工作台上、装载的货物上面及棚车、敞车的人力制动机踏板台上。(2)携带的任何物件与接触网设备的带电部分应保持 2 m 以上的距离。(3)列检设施的安装及工具、材料、配件的堆放，必须与电气化有关设备隔开 0.5 m 以上的距离。(4)接触网导线折断下垂搭在车辆上或其他物品与接触网接触时严禁进行处理，应保持 10 m 以上的距离，同时对现场进行防护，并及时通知车站进行相应处理。(5)严禁在电气化线路的有关设施、设备处所倚靠或坐卧。

99. TFDS 动态检查对非提速铁路货车的检查范围和质量标准是什么？

答：(1)车轮无缺损。(2)滚动轴承无甩油，外圈无破损，密封罩无脱出，前盖无裂损、丢失，轴端螺栓无丢失，承载鞍无错位，挡边无折断。(3)摇枕、侧架无裂损，斜楔、侧架立柱磨耗板无破损、窜出、丢失，摇枕斜楔摩擦面磨耗板无窜出，摇枕弹簧无折断、窜出、丢失，下心盘螺栓无折断、丢失。(4)钩体及钩尾框无裂损，钩舌销无折断、丢失，钩锁锁腿无折断，车钩连接状态良好，钩提杆无变形、脱落、丢失，钩提杆座无脱落、丢失，钩提杆链无折断、丢失，从板及从板座无破损、折断、丢失，缓冲器无破损，钩尾框托板无裂损，螺栓及螺母无丢失，钩尾扁销及托板螺栓、螺母、开口销无折断、丢失，车钩托梁无裂损，螺栓、螺母无丢失。(5)空气制动机配件无丢失，防盗罩无脱落，空重车调整杆无脱落、丢失，制动缸、各风缸及堵无脱落、丢失，制动缸活塞推杆无丢失，连接管无折断，制动软管连接状态良好，折角塞门、截断塞门手把无关闭，闸调器无破损、丢失，拉杆圆销、开口销无折断、丢失，缓解阀无丢失，缓解阀拉杆无折断、脱落、丢失，远心集尘器无破损、丢失。(6)制动梁无裂损、折断、脱落，端轴无折断，安全链无折断、脱落，安全吊无脱落、丢失，基础制动装置各杠杆、拉杆、推杆及圆销、开口销无折断、丢失，吊架、托架无脱落，固定杠杆支点座、固定杠杆支点及制动梁支柱圆销、开口销无折断、丢失，闸瓦及闸瓦插销无折断、丢失。(7)人力制动机拉杆及吊架无折断、脱落、丢失,滑轮无丢失,轴链、拉杆链及圆销、开口销无折断、丢失。(8)铁路货车车号自动识别标签无破损、丢失。(9)车体地板、端墙板无破损,牵引梁、端梁无弯曲、破损。

100. 铁路货车脱轨自动制动装置的基本结构有哪些?

答:铁道货车防脱轨自动制动装置(简称脱轨制动装置)是在车辆原有的空气制动系统制动主管上增加两个支架支路,不影响原空气制动系统工程的性能。脱轨自动制动装置由铁道货车脱轨自动制动阀(简称脱轨制动阀)、球阀、三通和管路等组成。脱轨制动阀是脱轨制动装置的核心部件,每根车轴处安装一套,车辆脱轨时,制动阀杆被打断,制动主管与大气连通,致使列车发生紧急制动。在制动主管与脱轨制动阀的连接管路中安装一个不锈钢球阀,用于在车辆脱轨或脱轨制动阀发生故障时截断脱轨制动装置支路。

S1 TEDS 平台报表统计(动车组)

一、考核准备

1. 硬件准备

序　号	材料名称	配置要求	数　量	备　注
1	动态服务器	CPU4 核以上、内存 16 G 以上、硬盘 2 块 300 G 以上	1 台	
2	动态检查终端电脑	CPU4 核以上、内存 4 G 以上、硬盘 1 块 80 G 以上	10 台	
3	操作台	1 200 mm×1 000 mm	1 张/人	

2. 软件准备

序　号	软件名称	系统要求	考试软件	数　量	备　注
1	动态服务器	Windows Server 2016	Oracle 数据库、TFDS 作业平台、动态考试软件	1 台	
2	动态检查终端电脑	Windows 7	IE8.0 版本、动态考试软件	10 套	

3. 考场准备

要求选用专用考试场地或适宜的动态检车现场作为考场;考场应符合技能鉴定有关规定;考场环境须符合相关规章制度、工艺要求、作业指导书的规定。

4. 考生准备

防护服装、臂章、准考证、身份证等。

二、技术要求

1. 掌握动车组 TEDS 报表统计。
2. 掌握动车组 TEDS 各项技术指标。

三、考核要求

1. 遵守考场纪律和考核时间。
2. 按照作业要求做好各项准备工作。
3. 按规章要求由认定人独立完成。

四、考核时限

1. 准备时间:2 min。
2. 正式操作时间:20 min。

五、考核评分

1. 考评员 3 名。

2. 评分要点见考核评分记录表。

3. 评分程序及规则：考评员根据考生操作情况对照标准答案在评分表上给予记录评分。

4. 算分方法：采用百分制，满分 100 分，60 分以上为及格。

六、考核评分记录表

单位：＿＿＿＿＿　姓名：＿＿＿　性别：＿＿＿　准考证号：＿＿＿＿＿　工种：＿＿＿＿　级别：＿＿＿＿

试题名称：TEDS 平台报表统计（动车组）

考核时间：20 min

操作开始时间：　　时　　分　　　　　　　　　　　　　　　　操作结束时间：　　时　　分

项　　目	考核内容及评分标准	扣分因素及扣分	得　分
作业准备 5 分	1. 按规定着工作服，佩戴臂章。2 分		
	2. 检查工具、材料、设备齐全良好。3 分		
作业程序 25 分	1. 正确登录操作账号。5 分		
	2. 按要求的日期对报表进行统计。5 分		
	3. 按要求对需要的数据进行统计。5 分		
	4. 对系统内自动生成的报表进行查看。5 分		
	5. 对系统内自动生成的报表进行鉴定。5 分		
作业质量 60 分	1. 检查规定车次的检车监控。15 分（未对制定车次进行检车监控检查扣 10 分，未指出不复核规定的地方扣 5 分）		
	2. 统计一定时间段内的任务量。15 分（未统计一定时间段内的任务量扣 10 分，时间段统计错误或数据错误扣 5 分）		
	3. 统计一定时间段内的发现故障数量，并导出明细表。15 分（未统计一定时间段内的故障数量及未导出扣 10 分，时间段统计错误或数据错误扣 5 分）		
	4. 按故障明细分析各部位的故障数量。5 分		
	5. 按题目要求计算“四率”。10 分（未按题目要求计算“四率”扣 10 分）		
考核时间	登录系统开始，20 min 后系统自动停止答题，自动交卷		
作业安全 10 分	1. 按规定着装。5 分		
	2. 操作未造成系统死机。5 分		
	3. 因人为原因造成系统无法使用或计算机无法启动，失格		
	4. 考核过程中发生不文明的现象，失格		
合计 100 分			

考评员签名：　　　　　　　　　　认定人：　　　　　　　　　　年　　月　　日

S2 TFDS 动态作业平台报表统计(货车)

一、考核准备

1. 硬件准备

序　号	材料名称	配置要求	数　量	备　注
1	动态服务器	CPU4 核以上、内存 16 G 以上、硬盘 2 块 300 G 以上	1 台	
2	动态检查终端电脑	CPU4 核以上、内存 4 G 以上、硬盘 1 块 80 G 以上	10 台	
3	操作台	1 200 mm×1 000 mm	1 张/人	

2. 软件准备

序　号	软件名称	系统要求	考试软件	数　量	备　注
1	动态服务器	Windows Server 2016	Oracle 数据库、TFDS 作业平台、动态考试软件	1 台	
2	动态检查终端电脑	Windows 7	IE8.0 版本、动态考试软件	10 套	

3. 考场准备

要求选用专用考试场地或适宜的动态检车现场作为考场;考场应符合技能鉴定有关规定;考场环境须符合相关规章制度、工艺要求、作业指导书的规定。

4. 考生准备

防护服装、臂章、准考证、身份证等。

二、技术要求

1. 按照货车动态作业运用规章制度进行报表统计。
2. 将报表统计的数量进行判断是否符合运用标准。

三、考核要求

1. 遵守考场纪律和考核时间。
2. 按照作业要求做好各项准备工作。
3. 按规章要求由认定人独立完成。

四、考核时限

1. 准备时间:2 min。
2. 正式操作时间:20 min。

五、考核评分

1. 考评员 3 名。

2. 评分要点见考核评分记录表。

3. 评分程序及规则:考评员根据考生操作情况对照标准答案在评分表上给予记录评分。

4. 算分方法:采用百分制,满分100分,60分以上为及格。

六、考核评分记录表

单位:__________ 姓名:______ 性别:_______ 准考证号:_________ 工种:_______ 级别:_______

试题名称:TFDS动态作业平台报表统计(货车)

考核时间:20 min

操作开始时间: 时 分　　　　操作结束时间: 时 分

项 目	考核内容及评分标准	扣分因素及扣分	得 分
作业准备 5分	1. 按规定着工作服,佩戴臂章。2分		
	2. 检查工具、材料、设备齐全良好。3分		
作业程序 25分	1. 正确登录操作账号。5分		
	2. 按要求的日期对报表进行统计。5分		
	3. 按要求对需要的数据进行统计。5分		
	4. 对系统内自动生成的报表进行查看。5分		
	5. 对系统内自动生成的报表进行鉴定。5分		
作业质量 60分	1. 检查规定车次的检车监控。15分(未对制定车次进行检车监控检查扣10分,未指出不复核规定的地方扣5分)		
	2. 统计一定时间段内的任务量。15分(未统计一定时间段内的任务量扣10分,时间段统计错误或数据错误扣5分)		
	3. 统计一定时间段内的发现故障数量,并导出明细表。15分(未统计一定时间段内的故障数量及未导出扣10分,时间段统计错误或数据错误扣5分)		
	4. 按故障明细分析各部位的故障数量。5分		
	5. 按题目要求计算“四率”。10分(未按题目要求计算“四率”扣10分)		
考核时间	登录系统开始,20 min后系统自动停止答题,自动交卷		
作业安全 10分	1. 按规定着装。5分		
	2. 操作未造成系统死机。5分		
	3. 因人为原因造成系统无法使用或计算机无法启动,失格		
	4. 考核过程中发生不文明的现象,失格		
合计100分			

考评员签名:　　　　认定人:　　　　年 月 日

S3 TVDS动态作业平台报表统计（客车）

一、考核准备

1. 硬件准备

序　号	材料名称	配置要求	数　量	备　注
1	动态服务器	CPU4核以上、内存16 G以上、硬盘2块300 G以上	1台	
2	动态检查终端电脑	CPU4核以上、内存4 G以上、硬盘1块80 G以上	10台	
3	操作台	1 200 mm×1 000 mm	1张/人	

2. 软件准备

序　号	软件名称	系统要求	考试软件	数　量	备　注
1	动态服务器	Windows Server 2016	Oracle数据库、TVDS作业平台、动态考试软件	1台	
2	动态检查终端电脑	Windows 7	IE8.0版本、动态考试软件	10套	

3. 考场准备

要求选用专用考试场地或适宜的动态检车现场作为考场；考场应符合技能鉴定有关规定；考场环境须符合相关规章制度、工艺要求、作业指导书的规定。

4. 考生准备

防护服装、臂章、准考证、身份证等。

二、技术要求

1. 按照客车动态作业运用规章制度进行报表统计。
2. 将报表统计的数量进行判断是否符合运用标准。

三、考核要求

1. 遵守考场纪律和考核时间。
2. 按照作业要求做好各项准备工作。
3. 按规章要求由认定人独立完成。

四、考核时限

1. 准备时间：2 min。
2. 正式操作时间：20 min。

五、考核评分

1. 考评员3名。

2. 评分要点见考核评分记录表。

3. 评分程序及规则：考评员根据考生操作情况对照标准答案在评分表上给予记录评分。

4. 算分方法：采用百分制，满分 100 分，60 分以上为及格。

六、考核评分记录表

单位：＿＿＿＿＿　姓名：＿＿＿　性别：＿＿＿＿　准考证号：＿＿＿＿＿　工种：＿＿＿＿　级别：＿＿＿＿

试题名称：TVDS 动态作业平台报表统计（客车）

考核时间：20 min

操作开始时间：　时　分　　　　操作结束时间：　时　分

项　目	考核内容及评分标准	扣分因素及扣分	得　分
作业准备 5 分	1. 按规定着工作服，佩戴臂章。2 分		
	2. 检查工具、材料、设备齐全良好。3 分		
作业程序 25 分	1. 正确登录操作账号。5 分		
	2. 按要求的日期对报表进行统计。5 分		
	3. 按要求对需要的数据进行统计。5 分		
	4. 对系统内自动生成的报表进行查看。5 分		
	5. 对系统内自动生成的报表进行鉴定。5 分		
作业质量 60 分	1. 检查规定车次的检车监控。15 分（未对制定车次进行检车监控检查扣 10 分，未指出不复核规定的地方扣 5 分）		
	2. 统计一定时间段内的任务量。15 分（未统计一定时间段内的任务量扣 10 分，时间段统计错误或数据错误扣 5 分）		
	3. 统计一定时间段内的发现故障数量，并导出明细表。15 分（未统计一定时间段内的故障数量及未导出扣 10 分，时间段统计错误或数据错误扣 5 分）		
	4. 按故障明细分析各部位的故障数量。5 分		
	5. 按题目要求计算“四率”。10 分（未按题目要求计算“四率”扣 10 分）		
考核时间	登录系统开始，20 min 后系统自动停止答题，自动交卷		
作业安全 10 分	1. 按规定着装。5 分		
	2. 操作未造成系统死机。5 分		
	3. 因人为原因造成系统无法使用或计算机无法启动，失格		
	4. 考核过程中发生不文明的现象，失格		
合计 100 分			

考评员签名：　　　　认定人：　　　　年　月　日

S4 动态站折作业检查(客车)

一、考核准备

1. 硬件准备

序　号	材料名称	配置要求	数　量	备　注
1	动态服务器	CPU4 核以上、内存 16 G 以上、硬盘 2 块 300 G 以上	1 台	
2	动态检查终端电脑	CPU4 核以上、内存 4 G 以上、硬盘 1 块 80 G 以上	10 台	
3	操作台	1 200 mm×1 000 mm	1 张/人	

2. 软件准备

序　号	软件名称	系统要求	考试软件	数　量	备　注
1	动态服务器	Windows Server 2016	Oracle 数据库、TFDS 作业平台、动态考试软件	1 台	
2	动态检查终端电脑	Windows 7	IE8.0 版本、动态考试软件	10 套	

3. 考场准备

要求选用专用考试场地或适宜的动态检车现场作为考场;考场应符合技能鉴定有关规定;考场环境须符合相关规章制度、工艺要求、作业指导书的规定。

4. 考生准备

防护服装、臂章、准考证、身份证等。

二、技术要求

1. 按照客车运用技术质量检查标准对车辆进行故障检查。
2. 按照客车运用技术质量标准对车辆进行技术状态检查,正确发现并标注车辆故障。
3. 将检查过程中发现的故障正确标注并提交。
4. 按动态本属作业,检查 6 辆车的故障。

三、考核要求

1. 遵守考场纪律和考核时间。
2. 按照作业要求做好各项准备工作。
3. 按规章要求由认定人独立完成。
4. 全面准确发现故障,故障件数为 20 件。

四、考核时限

1. 准备时间:3 min。
2. 正式操作时间:9 min。
3. 考试软件采用倒计时模式,9 min 自动交卷。

五、考核评分

1. 考评员 3 名。
2. 评分要点见考核评分记录表。
3. 评分程序及规则：考评员根据考生操作情况对照标准答案在评分表上给予记录。
4. 算分方法：采用百分制，满分 100 分，60 分以上为及格。

六、考核评分记录表

单位：__________ 姓名：______ 性别：________ 准考证号：__________ 工种：________ 级别：________

试题名称：动态站折作业检查（客车）

考核时间：9 min

操作开始时间：　　时　　分　　　　　　　　　　操作结束时间：　　时　　分

<table>
<tr><th>项　目</th><th>考核内容及评分标准</th><th>扣分因素及扣分</th><th>得　分</th></tr>
<tr><td rowspan="2">作业准备
5 分</td><td>1. 按规定着工作服，佩戴臂章。2 分</td><td rowspan="2"></td><td rowspan="2"></td></tr>
<tr><td>2. 检查工具、材料、设备齐全良好。3 分</td></tr>
<tr><td rowspan="2">作业程序
5 分</td><td>1. 正确登录操作账号，对 6 辆车图片进行作业检查。3 分</td><td rowspan="2"></td><td rowspan="2"></td></tr>
<tr><td>2. 作业结束后退出系统界面并关机。2 分</td></tr>
<tr><td>作业质量
80 分</td><td>每发现一件故障加 4 分（发现故障时在相应序号下方空格内画“√”未发现故障时画“×”）。80 分
<table>
<tr><td>1</td><td>2</td><td>3</td><td>4</td><td>5</td></tr>
<tr><td></td><td></td><td></td><td></td><td></td></tr>
<tr><td>6</td><td>7</td><td>8</td><td>9</td><td>10</td></tr>
<tr><td></td><td></td><td></td><td></td><td></td></tr>
<tr><td>11</td><td>12</td><td>13</td><td>14</td><td>15</td></tr>
<tr><td></td><td></td><td></td><td></td><td></td></tr>
<tr><td>16</td><td>17</td><td>18</td><td>19</td><td>20</td></tr>
<tr><td></td><td></td><td></td><td></td><td></td></tr>
</table></td><td></td><td></td></tr>
<tr><td>考核时间</td><td>考试软件采用倒计时模式，10 min 自动交卷，提前交卷不加分</td><td></td><td></td></tr>
<tr><td rowspan="5">作业安全
10 分</td><td>1. 按规定着装。5 分</td><td rowspan="2"></td><td rowspan="2"></td></tr>
<tr><td>2. 操作未造成系统死机。5 分</td></tr>
<tr><td>3. 因人为原因造成系统无法使用或计算机无法启动，失格</td><td colspan="2" rowspan="3"></td></tr>
<tr><td>4. 发现故障不足 60%件，失格</td></tr>
<tr><td>5. 考核过程中发生不文明的现象，失格</td></tr>
<tr><td>合计 100 分</td><td></td><td></td><td></td></tr>
</table>

考评员签名：　　　　　　　　　　认定人：　　　　　　　　　　年　　月　　日

S5 制动机单车试验

一、考核准备

1. 设备准备

(1)货车一辆。

(2)单车试验器一台。

2. 材料准备

序号	名称	规格	单位	备注
1	安全防护红旗		1面	
2	秒表		3只	
3	检车锤		1把	
4	闸调器试验垫板	16 mm×60 mm×340 mm	1块	
5	空重车试验垫板		2块	
6	试验风表		1只	
7	钢直尺	300 mm	1根	
8	防尘堵、木锤		各1个	

3. 考场准备

(1)无调车干扰的平直线路30 m,采光良好。

(2)隔离措施良好,无安全隐患。

(3)须有风源设备。

4. 考生准备

防护服装、臂章、准考证、身份证等。

二、技术要求

1. 按有关制动机单车试验作业规程进行试验。

2. 试验时制动阀手把位置应正确,减压量符合标准。

3. 制动缸活塞行程符合规定。

三、考核要求

1. 遵守考场纪律和考核时间。

2. 按照作业要求做好各项准备工作。

3. 注意作业安全，防止磕碰摔伤等。
4. 按规章要求由认定人独立完成。
5. 掌握制动机单车试验的方法。
6. 掌握制动机单车试验的技术质量标准。

四、考核时限

1. 准备时间：2 min。
2. 正式操作时间：30 min。
3. 计时从考评员发出指令开始，到考生报告作业完毕时结束。
4. 超过 35 min 停止作业。

五、考核评分

1. 考评员 2 名。
2. 评分要点见操作技能考核评分记录表。
3. 评分程序及规则：考评员根据考生操作情况对照标准答案在评分表上给予记录评分。
4. 算分方法：采用百分制，满分 100 分，60 分以上为及格。

六、考核评分记录表

单位：__________ 姓名：______ 性别：_______ 准考证号：_________ 工种：_______ 级别：_______

试题名称：制动机单车试验

考核时间：30 min

操作开始时间：　　时　　分　　　　　　　　　　　　　　操作结束时间：　　时　　分

项　目	考核内容及评分标准	扣分因素及扣分	得　分
作业程序 30分	1. 插设安全防护红旗。安全防护红旗未展开扣 2 分；红旗落地未重插扣 5 分		
	2. 步骤：过球试验→主管及截断塞门漏泄试验→全车漏泄试验→制动感度和缓解感度试验→安定试验→紧急制动试验→加速缓解试验→半自动缓解试验→闸调器性能试验→空重车自动调整装置试验→人力制动机作用试验→关风源撤单车，排尽车辆风压。作业顺序颠倒每次扣 3 分。未检查基础、空气制动各部配件扣 10 分。软管堵未装扣 2 分。未装试验风表扣 5 分。闸调器试验未调整螺杆刻线扣 5 分，调整距离不到扣 2 分。作业完毕未排除车辆余风扣 5 分，试验风表未撤除扣 5 分。人力制动机未试验扣 5 分		
	3. 撤除安全防护红旗。工具、材料未撤出钢轨外侧每件扣 2 分；安全防护红旗未撤除扣 10 分		

续上表

项　　目	考核内容及评分标准	扣分因素及扣分	得　分
作业质量 50 分	1. 每次试验应正确无误。未达到定压开始试验扣 10 分。保压时间不足扣 5 分。减压量错误扣 10 分。未确认制动机起作用扣 5 分。回转阀手把错误 1 次扣 5 分		
	2. 制动缸活塞行程符合规定。未测量活塞行程各扣 10 分		
	3. 能发现制动故障和处理制动故障。制动感度试验未绕车一周检查闸瓦与车轮状况扣 5 分。安定试验未确认起非常，未测量活塞行程各扣 10 分		
考核时间 10 分	规定时间内全部完成，不加分，也不扣分。每超时 30 s，从总分扣 1 分，不足 30 s 按 30 s 计算，作业时间超过 35 min 停止作业		
作业安全 10 分	1. 认真做好工具设备的使用与维护。工具损坏，每件扣 4 分；工具未放回指定地点，每件扣 2 分		
	2. 按规定穿戴劳保用品。未按规定使用工具及穿戴劳动防护用品，每件扣 5 分。作业过程中碰伤出血扣 5 分		
	3. 未按规定插、撤安全防护红旗，失格		
合计 100 分			

考评员签名：　　　　　　　　　　认定人：　　　　　　　　　　年　　月　　日

S6　软管漏泄、主支管漏泄或破损事故调查

一、考核准备

1. 设备准备

C70 型通用货车一辆。

2. 材料准备

序　号	名　称	规　格	单　位	备　注
1	草稿纸		适量	
2	钢笔或圆珠笔		1 支	
3	秒表		1 块	考评员用

3. 考场准备

(1)货车台位 1 个，采光良好。

(2)采光良好的教室一间。

4. 考生准备

防护服装、臂章、准考证、身份证等。

二、技术要求

按《铁路货车运用维修规程》《事规》有关规定执行。

三、考核要求

1. 遵守考场纪律和考核时间。
2. 按照作业要求做好各项准备工作。
3. 注意作业安全，防止磕碰摔伤等。
4. 按规章要求由认定人独立完成。
5. 赶赴现场，按照《事规》规定的调查项目进行调查记录。
6. 根据调查结果写出书面材料并及时向上级汇报。

四、考核时限

1. 准备时间：2 min。
2. 正式操作时间：30 min。
3. 计时从调查开始，到上交调查报告时止。
4. 超过时间标准 15 min 停止作业。

五、考核评分

1. 考评员 2 名。

2. 评分要点见考核评分记录表。

3. 评分程序及规则：考评员根据考生操作情况对照标准答案在评分表上给予记录评分。

4. 算分方法：采用百分制，满分100分，60分以上为及格。

六、考核评分记录表

单位：________ 姓名：______ 性别：______ 准考证号：________ 工种：________ 级别：________

试题名称：软管漏泄、主支管漏泄或破损事故调查

考核时间：30 min

操作开始时间：　　时　　分　　　　　　操作结束时间：　　时　　分

项　　目	考核内容及评分标准	扣分因素及扣分	得　分
作业程序 20分	1. 勘查现场，详细检查机车、线路及其他设备。机车、车辆、线路及设备情况无检查、记录失格、记录不全每项扣2分，无其他相关记录每项扣2分		
	2. 记录发生地点、铁路局、车辆段、列检所、线路名称、区间（站）、里程、曲线半径、线路坡度、发生时间、调度通知、出动时间、到现场时间、图定时间、实际时分、晚点时分、开通时分、处理完时分；车辆概况、车种车型车号、厂修单位年月、段修单位年月、辅修单位月日、故障车编挂位置、漏泄部位状态、配属局段、处理及原因。以上各项每漏记一项扣1分		
	3. 对事故车辆进行详细的技术检查并做好详尽记录，必要时应拍摄照片，并通知有关局、段、站来人共同确认。未做记录每项扣1分		
作业质量 50分	1. 对事故关系人员分别调查，并写出书面材料。未对事故关系人进行调查扣5分，无记录扣3分		
	2. 检查有关技术文件的编制情况。未检查有关技术文件扣5分		
	3. 调查是否有人为破坏的迹象。无检查、记录是人为破坏情况扣5分		
	4. 根据调查结果初步判定事故原因及责任，并及时向上级详细汇报，无判定事故原因及责任失格，未及时汇报扣10分		
	5. 根据调查结果写出书面调查报告并及时向上级汇报。无书面调查报告扣10分，报告书写条理不清扣5分		
	6. 未收拾有关用具每件扣1分		
工具装备 10分	正确使用工具、设备；不会使用扣5分，损坏工具、设备扣5分		
考核时间 10分	规定时间内全部完成，每超90 s扣1分，超过15 min停止作业		
作业安全 10分	1. 未按规定着装扣2分		
	2. 受轻伤扣5分		
	3. 受伤不能继续工作，失格		
合计100分			

考评员签名：　　　　　　　　认定人：　　　　　　　　年　　月　　日

S7　破损货车鉴定

一、考核准备

1. 设备准备

准备破损货车 1 辆，型号不限（可由考评员假设故障）。

2. 材料准备

序　号	名　　称	规　　格	单　　位	备　　注
1	钢卷尺	2 m	1 把	
2	钢直尺	500 mm	1 把	
3	检车锤		1 把	
4	车轮第四种检查器		1 把	
5	车轮直径检查尺		1 把	
6	轮对内侧距离检查尺		1 把	
7	撬棍		1 根	
8	线锤		1 个	
9	钢笔或圆珠笔		1 支	
10	计时器		1 只	
11	彩色粉笔		1 盒	
12	草稿纸		适量	

3. 考场准备

货车台位 1 个，采光良好。

4. 考生准备

防护服装、臂章、准考证、身份证等。

二、技术要求

按《铁路货车运用维修规程》《事规》有关规定执行。

三、考核要求

1. 遵守考场纪律和考核时间。
2. 按照作业要求做好各项准备工作。
3. 注意作业安全，防止磕碰摔伤等。

4. 按规章要求由认定人独立完成。

5. 按要求对车辆进行鉴定。

6. 检查破损车各部破损情况(可由拟题人或考评员设故障或假想破损部位),测量有关损伤的程度(尺寸),按照《事规》的规定,确定车辆破损情况。

7. 填写书面鉴定记录。

四、考核时限

1. 准备时间:2 min。

2. 正式操作时间:40 min。

3. 鉴定开始即计时,作业结束收好工具停止计时。

4. 超过时间标准 20 min 停止作业。

五、考核评分

1. 考评员 2 名。

2. 评分要点见考核评分记录表。

3. 评分程序及规则:考评员根据考生操作情况对照标准答案在评分表上给予记录评分。

4. 算分方法:采用百分制,满分 100 分,60 分以上为及格。

六、考核评分记录表

单位:__________ 姓名:______ 性别:_______ 准考证号:_________ 工种:_______ 级别:_______

试题名称:破损货车鉴定

考核时间:40 min

操作开始时间: 时 分 操作结束时间: 时 分

项　目	考核内容及评分标准	扣分因素及扣分	得　分
作业程序 10 分	1. 准备好工、量具。每缺一项扣 2 分		
	2. 对车辆腐蚀、破损过限或因事故破损的车辆进行检查、测量、鉴定		
	3. 根据《事规》的规定,确定车辆破损程度(小破、中破、大破和报废)		
	4. 填写鉴定意见,收拾工、量具。未按作业顺序进行每项扣 5 分		
作业质量 60 分	1. 凡需检查、测量、鉴定的部位未检查、测量、鉴定,每处(项)扣 10 分		
	2. 所有测量数据均允许不超过±1 mm(轮轴部分为±0.05 mm)。超过允许误差每 0.5 mm(轮轴部分为±0.1 mm)扣 1 分		
	3. 破损程度的确定出现误差扣 15 分		
	4. 根据鉴定结果提出书面处理意见。无处理意见扣 10 分,表述不清扣 5 分		

续上表

项　目	考核内容及评分标准	扣分因素及扣分	得　分
工具装备 10分	工、量具没收拾每件扣1分，工、量具使用不当每次扣1分，不会使用每件扣2分；每损坏一件扣5分		
考核时间 10分	规定时间内全部完成，每超2 min扣1分，超过20 min停止作业		
作业安全 10分	1.未按规定着装扣3分		
	2.受轻伤扣5分		
	3.受伤不能继续工作，失格		
合计100分			

考评员签名：　　　　　　　　　　认定人：　　　　　　　　　　年　　月　　日

S8　折角塞门破损事故调查

一、考核准备

1. 设备准备

C70 型通用货车一辆。

2. 材料准备

序　号	名　　称	规　　格	单　　位	备　　注
1	草稿纸		适量	
2	钢笔或圆珠笔		1 支	
3	秒表		1 块	考评员用

3. 考场准备

(1)货车台位 1 个，采光良好。

(2)采光良好的教室一间。

4. 考生准备

防护服装、臂章、准考证、身份证等。

二、技术要求

按《铁路货车运用维修规程》《事规》有关规定执行。

三、考核要求

1. 遵守考场纪律和考核时间。
2. 按照作业要求做好各项准备工作。
3. 注意作业安全，防止磕碰摔伤等。
4. 按规章要求由认定人独立完成。
5. 赶赴现场，按照《事规》规定的调查项目进行调查记录。
6. 根据调查结果写出书面材料并及时向上级汇报。

四、考核时限

1. 准备时间：2 min。
2. 正式操作时间：30 min。
3. 计时从调查开始，到上交调查报告时止。
4. 超过时间标准 15 min 停止作业。

五、考核评分

1. 考评员 2 名。

2. 评分要点见考核评分记录表。

3. 评分程序及规则：考评员根据考生操作情况对照标准答案在评分表上给予记录评分。

4. 算分方法：采用百分制，满分 100 分，60 分以上为及格。

六、考核评分记录表

单位：＿＿＿＿ 姓名：＿＿＿ 性别：＿＿＿ 准考证号：＿＿＿＿ 工种：＿＿＿ 级别：＿＿＿＿

试题名称：折角塞门破损事故调查

考核时间：30 min

操作开始时间： 时 分 操作结束时间： 时 分

项　目	考核内容及评分标准	扣分因素及扣分	得　分
作业程序 20 分	1. 勘查现场，详细检查机车、线路及其他设备。机车、车辆、线路及设备情况无检查、记录失格、记录不全每项扣 2 分，无其他相关记录每项扣 2 分		
	2. 记录发生地点、铁路局集团公司、车辆段、列检所、线路名称、区间(站)、里程、曲线半径、线路坡度、发生时间、调度通知、出动时间、到现场时间、图定时间、实际时分、晚点时分、开通时分、处理完时分；车辆概况、车种车型车号、厂修单位年月、段修单位年月、辅修单位月日、故障车编挂位置、漏泄部位状态、配属局段、处理及原因。以上各项每漏记一项扣 1 分		
	3. 对事故车辆进行详细的技术检查并做好详尽记录，必要时应拍摄照片，并通知有关局、段、站来人共同确认。未作记录每项扣 1 分		
作业质量 50 分	1. 对事故关系人员分别调查，并写出书面材料。未对事故关系人进行调查扣 5 分，无记录扣 3 分		
	2. 检查有关技术文件的编制情况。未检查有关技术文件扣 5 分		
	3. 调查是否有人为破坏的迹象。无检查、记录是人为破坏情况扣 5 分		
	4. 根据调查结果初步判定事故原因及责任，并及时向上级详细汇报，无判定事故原因及责任失格，未及时汇报扣 10 分		
	5. 根据调查结果写出书面调查报告并及时向上级汇报。无书面调查报告扣 10 分，报告书写条理不清扣 5 分		
	6. 未收拾有关用具每件扣 1 分		
工具装备 10 分	正确使用工具、设备；不会使用扣 5 分，损坏工具、设备扣 5 分		
考核时间 10 分	规定时间内全部完成，每超 90 s 扣 1 分，超过 15 min 停止作业		
作业安全 10 分	1. 未按规定着装扣 2 分		
	2. 受轻伤扣 5 分		
	3. 受伤不能继续工作，失格		
合计 100 分			

考评员签名： 认定人： 年 月 日

S9 模拟列车因空气制动机造成途中报闸事故调查

一、考核准备

1. 设备准备

C70 型通用货车一辆。

2. 材料准备

序 号	名 称	规 格	单 位	备 注
1	草稿纸		适量	
2	钢笔或圆珠笔		1 支	
3	秒表		1 块	考评员用

3. 考场准备

(1)货车台位 1 个,采光良好。

(2)采光良好的教室一间。

4. 考生准备

防护服装、臂章、准考证、身份证等。

二、技术要求

按《铁路货车运用维修规程》《事规》有关规定执行。

三、考核要求

1. 遵守考场纪律和考核时间。
2. 按照作业要求做好各项准备工作。
3. 注意作业安全,防止磕碰摔伤等。
4. 按规章要求由认定人独立完成。
5. 赶赴现场,按照《事规》规定的调查项目进行调查记录。
6. 根据调查结果写出书面材料并及时向上级汇报。

四、考核时限

1. 准备时间:2 min。
2. 正式操作时间:40 min。
3. 计时从调查开始,到上交调查报告时止。
4. 超过时间标准 20 min 停止作业。

五、考核评分

1. 考评员2名。

2. 评分要点见考核评分记录表。

3. 评分程序及规则：考评员根据考生操作情况对照标准答案在评分表上给予记录评分。

4. 算分方法：采用百分制，满分100分，60分以上为及格。

六、考核评分记录表

单位：__________ 姓名：______ 性别：________ 准考证号：__________ 工种：________ 级别：________

试题名称：模拟列车因空气制动机造成途中报闸事故调查

考核时间：40 min

操作开始时间： 时 分 操作结束时间： 时 分

项 目	考核内容及评分标准	扣分因素及扣分	得 分
作业程序 20分	1. 勘查现场，详细检查机车、线路及其他设备。机车、车辆、线路及设备情况无检查、记录失格、记录不全每项扣2分，无其他相关记录每项扣2分		
	2. 记录发生地点、铁路局集团公司、车辆段、列检所、线路名称、区间(站)、里程、曲线半径、线路坡度、发生时间、调度通知、出动时间、到现场时间、图定时间、实际时分、晚点时分、开通时分、处理完时分；车辆概况、车种车型车号、厂修单位年月、段修单位年月、辅修单位月日、故障车编挂位置、制造厂代号、年月日、空气制动机、阀型、作用情况、安全阀、空重车调整装置作用、主支管状态、列车管系漏泄量、新旧痕。制动机试验情况：(1)感度试验：主管压力600 kPa时，减压50 kPa，记录活塞行程、活塞缓解完毕时间。(2)安定保压试验：主管压力600 kPa时，减压170 kPa，记录活塞行程、列车管系漏泄量kPa、是否起非常。(3)车轮踏面的状态：是否擦伤、剥离、熔渣等。以上各项每漏记一项扣1分		
	3. 对事故车辆进行详细的技术检查并做好详尽记录，必要时应拍摄照片，并通知有关局、段、站来人共同确认。未作记录每项扣1分		
作业质量 50分	1. 对事故关系人员分别调查，并写出书面材料。未对事故关系人进行调查扣5分，无记录扣3分		
	2. 检查有关技术文件的编制情况。未检查有关技术文件扣5分		
	3. 调查是否有人为破坏的迹象。无检查、记录是人为破坏情况扣5分		
	4. 根据调查结果初步判定事故原因及责任，并及时向上级详细汇报，无判定事故原因及责任失格，未及时汇报扣10分		

续上表

项　目	考核内容及评分标准	扣分因素及扣分	得　分
作业质量 50分	5. 根据调查结果写出书面调查报告并及时向上级汇报。无书面调查报告扣10分，报告书写条理不清扣5分		
	6. 未收拾有关用具每件扣1分		
工具装备 10分	正确使用工具、设备；不会使用扣5分，损坏工具、设备扣5分		
考核时间 10分	规定时间内全部完成，每超2 min扣1分，超过20 min停止作业		
作业安全 10分	1. 未按规定着装扣2分		
	2. 受轻伤扣5分		
	3. 受伤不能继续工作，失格		
合计100分			

考评员签名：　　　　　　　　　　认定人：　　　　　　　　　　年　　月　　日

S10 货车罐车排油管盖、链放下后距轨面垂直距离检测

一、考核准备

1. 设备准备

罐车一辆，型号不限。

2. 材料准备

序 号	名 称	规 格	单 位	备 注
1	钢卷尺	2 m	1 把	
2	钢直尺	500 mm	1 把	
3	检车锤		1 把	
4	线锤		1 个	
5	盒尺		1 把	
6	手电筒		1 把	
7	钢笔或圆珠笔		1 支	
8	计时器		1 只	
9	书写纸	A4	若干张	

3. 考场准备

(1)货车台位 1 个，采光良好。

(2)采光良好的教室一间。

4. 考生准备

防护服装、臂章、准考证、身份证等。

二、技术要求

按《铁路货车段修规程》执行。

三、考核要求

1. 遵守考场纪律和考核时间。

2. 按照作业要求做好各项准备工作。

3. 注意作业安全，防止磕碰摔伤等。

4. 按规章要求由认定人独立完成。

5. 测量程序规范、标准。

6. 检查程序正确，无漏检。

四、考核时限

1. 准备时间：2 min。
2. 正式操作时间：30 min。
3. 计时从开始检查起计时，检查结束收好工具停止计时。
4. 超过时间标准 15 min 停止作业。

五、考核评分

1. 考评员 2 名。
2. 评分要点见考核评分记录表。
3. 评分程序及规则：考评员根据考生操作情况对照标准答案在评分表上给予记录评分。
4. 算分方法：采用百分制，满分 100 分，60 分以上为及格。

六、考核评分记录表

单位：＿＿＿＿＿ 姓名：＿＿＿ 性别：＿＿＿ 准考证号：＿＿＿＿＿ 工种：＿＿＿＿ 级别：＿＿＿＿

试题名称：货车罐车排油管盖、链放下后距轨面垂直距离检测

考核时间：30 min

操作开始时间：　　时　　分　　　　　　　　　　　　操作结束时间：　　时　　分

项　　目	考核内容及评分标准	扣分因素及扣分	得　分
作业程序 20 分	1. 按规定插设安全防护红旗(或红灯)，在沿途车站调查处理车辆故障使用时，将红旗(或红灯)插挂在车端部；要求红旗无破损、污迹，旗面展开；红灯明亮		
	2. 检查量具后，检查中梁、枕梁状态，按照段修规定进行测量并口述限度		
	3. 检查测量完毕，撤除安全防护红旗(或红灯)。未按顺序作业每处扣 5 分，未报限度每处扣 3 分		
作业质量 50 分	1. 打开罐车排油管盖，在排油管盖垂下自由状态下，调整管盖手把一端处于最低位，用钢卷尺测量管盖手把最底部与轨面的间距，为罐车排油管盖、链放下后距轨面垂直距离。未在排油管盖垂下自由状态测量扣 5 分，钢板尺使用不规范扣 5 分		
	2. 以钢轨上平面为基准，测量排油管盖、链放下后距轨面垂直距离。测量方法不正确扣 5 分		
	3. 测量完毕后撤除安全防护红旗(或红灯)。要求轻拿轻放、不磕碰检测样板；擦拭完后，按规定恢复原状并放置在规定位置。使用方法不正确扣 5 分		

续上表

项　　目	考核内容及评分标准	扣分因素及扣分	得　分
工具装备 10分	工具未收每件扣5分，损坏工具每件扣5分		
考核时间 10分	规定时间内全部完成，每超90 s扣1分，超过15 min停止作业		
作业安全 10分	1. 未按规定着装扣2分		
	2. 有不安全因素每次扣3分		
	3. 受轻伤扣5分		
	4. 受伤不能继续工作，失格		
合计100分			

考评员签名：　　　　　　　　　　　　认定人：　　　　　　　　　　　　年　　月　　日

第四部分　高级技师

1. 在现场作业时对交叉杆变形如何检测?

答:(1)将量具两座板分别与交叉杆两端贴靠,顶板与交叉支撑组成下盖板间隙在0～10 mm之间合格,在10～20 mm之间时调修,大于20 mm时报废。将量具两座板与交叉杆两端贴靠,顶板与交叉支撑组成下盖板接触,顶板与压板间隙在10～20 mm时合格,间隙在0～10 mm之间时调修。当顶板与交叉支撑组成下盖板接触,与压板也接触,量具两座板与交叉杆任一侧不接触时报废。(2)以交叉杆杆体两端向内10 mm处对应两点连线为准,检测交叉杆杆体的弯曲变形量。

2. 怎样使用TEDS进行人工手动预警上报工作信息?(动车组)

答:(1)分析员确认自动报警故障为真实故障或在非报警区域发现疑似故障,则使用人工手动预警提报故障信息。(2)点击工具栏"报警"按钮,选取故障部位后弹出"故障信息填报"页面。(3)依次填报故障类别、部件分类、故障模式、故障描述后点击"填报"按钮。

3. 怎样使用TEDS进行故障确认上报?(动车组)

答:组长对分析员预报故障进行"双确认",组长对分析员预报故障判定为非故障在故障确认栏,选择"不同意";若组长判定分析员预报故障为真实故障在故障确认栏选择"同意",并选择预报故障上报。经"双确认"的故障,对于采取立即停车检查、前方站检查、限速运行或取消限速处置方式的情况,TEDS作业组长须立即将故障信息、列车车次、处置方式等预报事项电话通知局动车调度,并填报"TEDS预报故障通知/处置单"(必要时通过电话传真方式提报)。经"双确认"的故障,对于采取途中监控入库检查方式的情况,由组长通知动车组担当局监控中心告知随车机械师,同时通知驶入局监控中心进行重点监控。

4. 在现场作业时对侧墙板、端墙板外胀如何检测?

答:(1)在墙板外胀两侧未变形部位,使用等高定位铁拉与墙板平行的测绳,测绳处于墙板外胀最大处外侧,测绳不得与侧柱、加强筋等相抵触,用钢直尺测墙板外胀最大处与测绳的水平距离,定位铁高度减去实测值,为墙板外胀尺寸。(2)以墙板未变形部位为基准,测量墙板外胀最大高度。

5. CRH5A型动车组TEDS作业指导书中,一系悬挂检查项点有哪些?(动车组)

答:(1)检查轴箱弹簧无裂纹、断裂现象。(2)检查轴箱上拉杆组件良好,无断裂、击打变形，橡胶节点无深度裂纹、损坏，橡胶与金属部分无分离。

6. CRH5A 型动车组 TEDS 作业指导书中，底中部图像检查头罩作业标准是什么？（动车组）

答：(1)头罩可视部件外观及安装状态良好，无明显破损、变形。(2)头罩开闭机构锁闭良好，无开放（非重联端）。(3)车钩导向杆位置正确，无丢失。

7. 在现场作业时中梁、侧梁旁弯如何检测？

答：(1)将定位铁分别贴靠在一、二位枕梁与中梁或侧梁结合处下翼板下平面边缘，将测绳拉直，用钢直尺测量中梁或侧梁旁弯最大处与测绳的水平距离，即为中梁或侧梁的旁弯量。(2)以中梁或侧梁与两枕梁内侧结合处下翼板边缘为基点连线，测量连线与中梁或侧梁间的最大水平距离。

8. 在现场作业中对铁路货车中侧梁弯曲如何测量？

答：中、侧梁弯曲测量方法，以两个枕梁间平直线的延长线为基准。两轴车应找出原底架的水平线，然后延长测量。端梁弯曲测量方法以两端引出平行线为基准，垂直测量。每根梁如多处弯曲时，按弯曲最大的一处算，上下左右不相加。

9. CRH380A 型动车组 TEDS 作业指导书中，动车底中部图像轮轴检查的作业标准是什么？（动车组）

答：(1)检查车轴可视外观及安装状态良好，无明显打击痕迹。(2)转动部位无异物卡滞及配件丢失。(3)车轮、车轴均无降噪层脱落现象。

10. 试述列检作业场更换钩舌销的作业流程。

答：(1)卸除钩舌销开口销。(2)取出故障钩舌销。(3)检查安装良好的钩舌销。(4)安装钩舌销开口销（双向劈开角度不小于 60°）。(5)车钩“三态”试验：作用良好并符合运用限度。下作用式车钩须安插防跳插销。

11. 简述滚动轴承的游隙的种类和用途，其值过大或过小的危害。

答：滚动体在内外圈之间的径向或轴向间隙称为游隙，游隙分为径向游隙和轴向游隙。为了保证滚动体自由转动和均匀地承担载荷，轴承在结构上必须有适当的径向和轴向游隙。若游隙过小，滚动体则转动困难，容易增加磨损引起热轴；若游隙过大，则会使轴承局部负荷加大，缩短其使用寿命。

12. 车辆轮对应满足哪些基本要求?

答:(1)使车辆在最高运行速度和各种允许载重情况下安全运行。(2)既要有足够的强度、又要自重轻,以减少车辆通过不平坦线路时,轮对与线路的相互作用力。(3)具有一定弹性,以缓和与线路作用所产生的作用力并减少噪声。(4)运行阻力小,轴颈和车轮踏面的耐磨性好,使用寿命长。

13. 车辆上作用车钩钩提杆的左、右横动量如何测量及调整?

答:上作用车钩钩提杆左右横动量均为30~50 mm,不符合时应移动车体中心线外侧的钩提杆座调整。测量方法:当车钩纵向中心线与车体纵向中心线重合,且上锁销孔纵向中心与钩提杆头部纵向中心重合时,测量左、右两侧钩提杆座外侧与钩提杆内侧的水平距离,此时可向左、右两侧移动钩提杆调整。

14. TFDS 探测站的名称由哪几个部分组成?

答:TFDS 探测站由列检作业场所在站名、线路名、方向别及系统名四部分组成。

15. TFDS 动态检车员配备数量的依据是什么?

答:TFDS 动态检车员的配备数量依据转向架底部(或制动梁部)、转向架侧架部、车钩缓冲部和底架部等区域的检查工位,以及动态检查技检时间、车流密度、编组辆数等因素由铁路局集团公司核定。

16. 动态检车组应按照什么原则安排列车的检查顺序?

答:根据故障拦停和现场确认的需要,一个动态检车组同时负责2个及以上 TFDS 探测站列车动态检查作业时,应按照“直通优先、先开优先”的原则安排检查顺序,每列车的动态检查作业须由1个动态检车组完成。

17. 什么叫 120 阀的“局部增压”? 说明其加速缓解作用的原理。

答:“局部增压”是指列车管除通过机车空气制动装置进行充气增压外,并同时采取其他方式使列车管加快充气。局部增压作用原理:当列车管增压、制动缸排气缓解时,利用即将排入大气的制动缸压力空气作为控制力源,去推动加速缓解阀中的橡胶膜板,通过顶杆顶开橡胶夹芯阀,使加速缓解风缸的压力空气充入列车制动主管。列车管由于得到局部增压,增压速度加快。促使列车后部的车辆加速缓解。

18. 客列检检车员站内加挂车辆时有何要求?

答:(1)加挂车前撤除安全防护号志,并用对讲机通报全组。(2)车辆连挂妥当后,打开加挂车(与长大列车相邻)折角塞门并安装开口销,连接部位无漏风。确认折角塞门状态,安装钩提杆防脱装置。(3)检查加挂车辆。(4)负责将加挂车尾部车辆折角塞门关闭,风管打堵,并吊起,注意风管不得拖地;安装折角塞门开口销;车钩处于闭锁位。

19. 如何进行16、17型车钩防跳性能检查?

答:16、17型车钩防跳性能检查:在闭锁位置时,车钩闭锁显示孔须全部露出。使用"钩锁托具"向上托起钩锁,并使钩锁腿贴靠后壁,使用专用量具测量下锁销顶面与钩舌座锁台下面的搭接量,须为6.5～14.5 mm。

20. CR400BF型动车组TEDS图像检查作业指导书,左(右)侧上部图像传感器支架、齿轮箱、制动装置的检查作业标准是什么?(动车组)

答:(1)检查支架无变形,螺栓无丢失,半月板无折断,线缆无破损、脱开。(2)检查齿轮箱无漏油,无击打破损,螺栓无松动、脱落,注油堵、排油堵无松动、脱落。(3)检查制动装置外观良好,闸片块无缺失,闸片托状态良好,固定螺栓无丢失,扎带无丢失断裂,穿销无窜出,开口销无缺失、变形。

21. 试述对实际运用中旋压密封式制动缸的故障分析和判断。

答:制动缸的故障主要有三类,分别是制动缸不起制动作用、制动缸缓解不到位和制动缸出现漏泄。(1)制动缸制动时不起制动作用:当发现现场运用的制动缸出现该现象时,首先最可能的是橡胶密封圈出现故障,其次分解检查活塞是否出现质量问题,活塞如果出现质量问题可导致橡胶密封圈出现偏磨,同时检查是否活塞有裂纹。(2)制动缸缓解不到位:首先要检查基础制动装置是否别劲和卡滞,排除基础制动装置的问题后,那么就可能是制动缸的弹簧出现质量问题,弹簧的刚度不满足要求。(3)制动缸出现漏泄:解体检查,看制动缸内壁、活塞及皮碗是否有质量问题。

22. 转K4型转向架的特点是什么?

答:转K4型转向架是在原型摆动式转向架的基础上进行改进设计的新型快速转向架。主要特点有以下几个方面:(1) 结构上属于铸钢三大件式转向架,悬挂系统为二系摇枕弹簧和一系的摆动机构的组合,垂向、横向都具有两级刚度特性,大大增加了车辆的横向柔性,降低了轮轨间的磨耗,提高了车辆的运行品质。(2)摆动式转向架摇枕挡位置下移,使侧滚心降低,对侧滚振动控制加强,加之振摆转动中心降低,有效地减小了爬轨和脱轨的可能性,尤其是对高重心的货车,大大提高了其防脱轨安全性。(3)采用高分子磨耗板,弹性常接触式旁承和新型制动梁,具有较高的耐久性和可靠性。

23. 转K5型转向架的特点是什么?

答:转K5型转向架是具有摆动式的转向架,特点如下:(1)结构上属于铸钢三大件式转向架，具有结构简单、车轮均载性好、检修维护方便等优点。(2)该转向架采用了类似于客车转向架的摇动台摆式机构，使转向架横向具有两级刚度特性，大大增加了车辆的横向柔性，提高了车辆的横向动力学性能，降低了轮轨间的磨耗，提高了车辆的运行品质。(3)摆动式转向架摇枕挡位置下移，使侧滚中心降低，对侧滚振动控制加强，有效地减小了爬轨和脱轨的可能性，尤其是对高重心的货车，大大提高了其防脱轨安全性。(4)该转向架具有较高的耐久性和可靠性。

24. 转 K6 型转向架的特点是什么？

答：转 K6 型转向架主要结构特点如下：(1)转 K6 型转向架系铸钢三大件式转向架。一系悬挂采用轴箱弹性剪切垫；二系悬挂采用带变摩擦减振装置的中央弹簧悬挂系统，摇枕弹簧为二级刚度。(2)两侧架之间加装侧架弹性下交叉支撑装。(3)采用直径为 375 mm 的下心盘，下心盘内设有含油尼龙心盘磨耗盘。(4)采用 JC 型双作用常接触弹性旁承。(5)装用 25 t 轴重双列圆锥滚子轴承，采用轻型新结构 HEZB 型铸钢车轮或 HESA 型辗钢车轮。(6)基础制动装置为中拉杆式单侧闸瓦制动装置，采用 L-A 型或 L-B 型组合式制动梁及新型高摩合成闸瓦。

25. 为什么要对货车转向架间加装交叉支撑装置？

答：三大件式转向架的结构特点是两侧架通过摇枕、枕簧及斜楔摩擦弹性定位，因此易产生菱形变形，导致抗菱刚度变小。两侧架加装交叉支撑是提高抗菱刚度的有效办法。侧架间加装交叉支撑是在侧架上焊接安装支座，使两侧架通过交叉杆及弹性节点连接在一起。这种连接可对轨道的垂向不平顺进行调整。另外，侧架与轴承承载鞍之间设有弹性橡胶垫，起到良好的轴箱弹性定位作用。

26. 可能引起车钩分离的主要因素有哪些？

答：可能引起车钩分离的主要因素有：钩体上、下防跳台磨耗，钩腕外胀，钩舌外胀，钩舌钩锁坐入量小于 45 mm，假落锁(即上锁销未复位)，13 号、13A 型下作用车钩二次防跳性能不良，钩体、钩舌、钩尾框疲劳断裂，钩提杆弯曲变形，钩提杆链松余量过小，车钩低头，钩尾框尾部上翘，钩高差过大，机车司机列车操纵不符合规定引起列车纵向冲动剧增。

27. 大件修范围是如何规定的？

答：大件修范围规定如下：(1)更换、补装：钩舌、钩舌推铁、钩锁、下锁销组成、车钩托梁、空车摇枕弹簧及减振弹簧、制动阀、制动软管、折角塞门、直端塞门、截断塞门、组合式集尘器、远心集尘器、罐车卡带圆销等。(2)调整：互钩差、脚蹬及车梯扶手弯曲、钩提杆链松余量等。(3)恢复：承载鞍错位，摇枕弹簧及减振弹簧窜出，钩体支撑座、钩尾框托板、钩尾销托梁含油尼龙磨耗板窜出等。(4)修复：主管、支管、连通管漏泄，下拉杆下垂超限、关门车等。

28. 实际使用中造成车体倾斜的原因有哪些？如何测量？

答：造成车体倾斜的原因主要有：车体结构松弛或变形、摇枕弹簧弹性衰减、挠度不足及装载偏重等。测量车体倾斜时，将车辆推放到平直线路上，可用两个吊线锤，一个放到倾斜侧墙板的上缘，一个放到倾斜侧梁的下缘，待吊锤垂直时，测得两线间的水平距离，即为该车倾斜的尺寸。

29. TFDS 动态检查作业检查辆数应遵循的原则有哪些？

答：TFDS 动态检查原则上每人每列不超过 10 辆。实行人机分工检查方式的到达列车，原则上人工检查每人每列单侧不超过 30 辆；实行人工检查方式的到达列车，原则上每人每列单侧不超过 20 辆；中转列车，原则上每人每列单侧不超过 20 辆；始发列车，原则上每人每列单侧不超过 15 辆。

30. 简述人机分工 TFDS 动态检车员对基础制动装置及制动缸前后杠杆的检查范围及质量标准。

答：制动梁梁体、支柱无折断，支柱夹扣螺母无丢失，闸瓦托下铆钉无丢失，制动梁、制动梁安全链无脱落；闸瓦无折断、丢失，磨耗不超限，闸瓦插销安装位置正确，闸瓦插销环无丢失；基础制动装置的各拉杆、杠杆、圆销及开口销无折断、丢失，固定杠杆支点座、固定杠杆支点、固定杠杆支点链蹄环、制动缸后杠杆支点及圆销、开口销无折断、丢失，拉铆销套无丢失，拉杆、杠杆吊架无折断、脱落，制动缸后杠杆支点组装螺母无丢失；固定杠杆支点座拉铆钉无丢失；下拉杆安全吊或索无脱落、丢失。

31. 车辆的修程是如何规定的？

答：车辆实行计划预防修，并逐步扩大实施状态修、换件修和主要零部件的专业化集中修。客车和特种用途车实行以走行公里为主、时间周期为辅的计划预防修，最高运行速度不超过 120 km/h的客车修程分为厂修、段修、辅修，最高运行速度超过 120 km/h 的客车修程分为 A4、A3、A2、A1；货车修程分为厂修、段修、辅修。检修周期及技术标准，按车辆检修规程执行。

32. 简述人机分工 TFDS 动态检车员对摇枕、侧架、一体式构架、副构架的检查范围及质量标准。

答：摇枕、侧架、一体式构架、副构架无折断；下心盘螺栓无折断，螺母及开口销无丢失；心盘无脱出；交叉支撑装置盖板及交叉杆体无折断、明显变形，扣板螺栓、铆钉无丢失，安全索无丢失，交叉杆端部螺栓无丢失；轴箱、摇枕弹簧无折断、窜出、丢失；转向架弹簧托板、折头螺栓无折断、螺母及开口销无丢失。横跨梁无折断，螺母及开口销无丢失。

33. 简述人机分工 TFDS 动态检车员对车体部分的检查范围及质量标准。

答：(1)横梁无折断；铁路货车车号自动识别标签无丢失。(2)防火板无脱落、丢失；端板或渡板无脱落、丢失；地板、浴盆板无破损，罐车下卸式排油管、加热管及盖无脱落。(3)TFDS具备车体检查功能时还应检查：车门滑动轨道无折断，车门滑轮无脱出轨道；车门及车窗无脱落、丢失；车门折页及座无折断，圆销无丢失；车门锁闭装置配件无破损、丢失；墙板、门板无破损；罐车卡带无折断；脚蹬、车梯扶手及车端护栏无折断、丢失。

34. 单机挂车是如何规定的？

答：单机挂车的辆数，线路坡度不超过12‰的区段，以10辆为限；超过12‰的区段，由铁路局集团公司规定。单机挂车时，应遵守下列规定：(1)所挂车辆的自动制动机作用必须良好，发车前列检(无列检时由车站发车人员)按规定进行制动试验。(2)连挂前按规定彻底检查货物装载状态，并将编组顺序表和货运单据交与司机。(3)在区间被迫停车后的防护工作由机车乘务组负责，开车前应确认附挂辆数和制动主管贯通状态是否良好。(4)列车调度员应严格掌握，不得影响机车固定交路和乘务员劳动时间。(5)不准挂装载爆炸品、超限货物的车辆。单机挂车时，可不挂列尾装置。

35. 在列检作业场现场作业时如何测量车轮踏面剥离？

答：测量车轮踏面剥离长度时，沿车轮圆周方向测量其最长处的尺寸即为踏面剥离长度。列检测量时规定如下：(1)两边宽度不足10 mm的剥离尖端部分不计算在内。(2)长条状剥离其最宽处不足20 mm的亦不计算在内。(3)两块剥离边缘相距小于75 mm时，每处长不得超过35 mm；多处小于35 mm的剥离，其连续剥离总长度不得超过350 mm。(4)剥离前期未脱落部分可不计算在内。

36. LLJ-4D型第四种检查器在现场作业时能测量哪些项目？

答：测量车轮踏面圆周磨耗深度、轮缘厚度、轮缘高度、垂直磨耗、轮辋厚度、轮辋宽度、踏面擦伤深度、踏面擦伤长度、踏面剥离深度、踏面剥离长度、车轮碾宽等。

37. 在列检作业场现场作业时如何使用LLJ-4D型第四种检查器测量踏面擦伤深度？

答：(1)按规定插设安全防护信号，在沿途车站调查处理车辆故障使用时，将红旗(或红灯)插挂在车端部。要求红旗无破损、污迹，旗面展开；红灯明亮。(2)将定位角铁与车轮内侧面密贴，并使轮辋宽度测头与车轮踏面接触。(3)推动轮辋宽度测尺尺框，使其测头落入擦伤最深处，测量此处轮缘高度值记作h_1。(4)测量同一圆周未擦伤处，轮缘高度值记作h_2，擦伤深度为h_1-h_2的差值。(5)测量完毕后撤除安全防护信号。要求轻拿轻放、不磕碰检查器；擦拭完后，按规定恢复原状并放置在规定位置。

38. 在列检作业场现场作业时如何使用LLJ-4D型第四种检查器测量车轮轮辋宽度？

答：(1)按规定插设安全防护信号，在沿途车站调查处理车辆故障使用时，将红旗(或红灯)插挂在车端部；要求红旗无破损、污迹，旗面展开；红灯明亮。(2)移动轮辋测尺尺框，使定位销落入销孔内，然后锁紧其锁紧螺钉。(3)将定位角铁与车轮内侧面密贴，并使轮辋宽度测头与车轮踏面接触。(4)推动轮辋宽度测尺尺框，使其测量头与车轮外侧面贴靠，从游标中读取轮辋宽度值。如果踏面有辗宽，应减去辗宽值。(5)测量完毕后撤除安全防护信号。要求轻拿轻放、不磕碰检查器；擦拭完后，按规定恢复原状并放置在规定位置。

39. TFDS 动态检车员发现故障后提交故障标准是什么？

答：TFDS 动态检车员在检查作业时，应将疑似故障局部放大，确认后用红色线条的方框标出故障部位，按规定选录正确的故障名称，自动将故障图片和列车车次、过车开始时刻（年、月、日、时、分、秒）、车速、编挂位置、车种车型车号、故障名称、故障提交人、组别、故障发现时刻等信息提交到动态检车组长作业终端，动态检车组长对提交的故障进行复核。对符合拦停范围的故障，本着“先报告后提交”的原则办理。TFDS 动态检车员应将丢图、窜图、曝光等信息及时提交给动态检车组长作业终端，动态检车组长应对提交的故障信息按规定办理。

40. 铁道车辆在运用中各零部件承受哪些基本载荷？

答：铁道车辆在运用中，各零部件上承受着复杂的载荷。一般来讲，这些载荷可以归纳为静载荷和动载荷两大类。静载荷在运用中具有确定不变的数值，如车辆的载重和自重，散粒货物的静侧压力以及液体（或气体）对罐体的压力等。动载荷是指在运用中数值甚至方向都随时间变化的载荷，其中包括：(1)由于垂直冲击和簧上振动所产生的垂直载荷。(2)车辆之间由于列车起动、制动和调车作业所产生的沿车钩中心线作用的纵向载荷。(3)侧向作用的风力。(4)通过曲线时产生的附加载荷和轮轨之间的相互作用力。

41. 试述转 8A 型转向架侧架“凹”字检查视线流程。

答：车体地板→侧架→承载鞍→轴承→车轮→闸瓦及闸瓦插销→制动梁→侧架→车体地板→侧架→斜楔→摇枕→摇枕弹簧→侧架→摇枕弹簧→摇枕→侧架→车体地板→侧架→制动梁→闸瓦及闸瓦插销→车轮→轴承→承载鞍→侧架→车体地板。（单侧）

42. 试述转 8AG、转 8G、转 K2、转 K6 型转向架侧架“凹”字检查视线流程。

答：车体地板→侧架→承载鞍→轴承→挡键→车轮→交叉支撑装置→闸瓦及闸瓦插销→侧架→车体地板→侧架→斜楔→摇枕→摇枕弹簧→侧架→摇枕弹簧→摇枕→斜楔→侧架→车体地板→侧架→闸瓦及闸瓦插销→交叉支撑装置→车轮→挡键→轴承→承载鞍→侧架→车体地板。（单侧）

43. 试述转 K4、转 K5 型转向架侧架“凹”字检查视线流程。

答：车体地板→侧架→承载鞍→轴承→挡键→车轮→闸瓦及闸瓦插销→制动梁→侧架→车体地板→侧架→摇枕→斜楔→摇枕弹簧→弹簧托板→侧架→摇枕弹簧→摇枕→斜楔→侧

架→车体地板→侧架→制动梁→闸瓦及闸瓦插销→车轮→挡键→轴承→承载鞍→侧架→车体地板。(单侧)

44. 试述车钩缓冲部位“e”字检查视线流程。

答:从板座→缓冲器→钩尾框→钩尾框托板→牵引梁→从板→钩尾销→钩托梁→钩体→钩锁→钩舌销→制动软管→钩托梁→钩尾销→从板→牵引梁→钩尾框托板→钩尾框→缓冲器→从板座→车轮→车体地板→折角塞门→端梁→人力制动机轴链→人力制动机滑轮→人力制动机拉杆→车体地板→车轮→车体地板→折角塞门→端梁→人力制动机轴链→人力制动机滑轮→人力制动机拉杆→车体地板→脱轨自动装置→车轮。

45. 试述铁路货车底架中部(120 型制动机)“三”字检查视线流程。

答:流程(一):车轮→车体地板。车体地板→车号自动识别标签→制动缸前杠杆及托架→闸调器。车轮→车体地板→人力制动机拉杆、链、吊架→附加杠杆及托架→制动缸→车体地板。流程(二):车体地板→连接管→副风缸→车轮。车体地板→制动缸后杠杆→上拉杆→截断塞门及远心集尘器。车体地板→120 型控制阀→加速缓解风缸→降压风缸→车轮。

46. 试述转 8A 型转向架“8”字检查视线流程。

答:车轮→闸瓦及闸瓦插销→闸瓦托→制动梁端轴→摇枕弹簧→制动梁安全链→制动梁梁体→下拉杆及圆销、开口销移动杠杆→制动梁支柱及圆销、开口销→上拉杆及圆销、开口销→下心盘螺栓→制动梁梁体→安全吊→制动梁梁体→制动梁安全链→车轮→闸瓦及闸瓦插销→闸瓦托→制动梁端轴→摇枕弹簧→摇枕→摇枕弹簧→制动梁端轴→闸瓦及闸瓦插销→闸瓦托→车轮→制动梁安全链→制动梁梁体→下拉杆及圆销、开口销→固定杠杆→制动梁支柱及圆销、开口销→固定支点圆销、开口销→下心盘螺栓→制动梁梁体→安全吊→制动梁梁体→制动梁安全链→摇枕弹簧→制动梁端轴→闸瓦托→闸瓦及闸瓦插销→车轮。

47. 试述转 K4、转 K5 型转向架“8”字检查视线流程。

答:车轮→闸瓦及闸瓦插销→闸瓦托→制动梁端轴→制动梁梁体→制动梁安全链→固定支点圆销、开口销→固定杠杆→中拉杆及圆销、开口销→上制动梁支柱及圆销、开口销→制动梁支柱夹扣→下心盘螺栓→脱轨制动装置→制动梁梁体→制动梁安全链→车轮→闸瓦及闸瓦插销→闸瓦托→制动梁端轴→摇枕弹簧→摇枕→摇枕弹簧→制动梁端轴→闸瓦及闸瓦插销→闸瓦托→车轮→制动梁梁体→制动梁安全链→上拉杆及圆销、开口销→移动杠杆→中拉杆及圆销、开口销→制动梁支柱及圆销、开口销→制动梁支柱夹扣→下心盘螺栓→脱轨制动装置→制动梁梁体→制动梁安全链→制动梁端轴→闸瓦托→闸瓦及闸瓦插销→车轮。

48. 试述转 8AG、转 8G、转 K2、转 K6 型转向架“8”字检查视线流程。

答:交叉杆→摇枕弹簧→闸瓦及闸瓦插销→车轮→安全索→制动梁端轴→固定支点及圆

销、开口销→制动梁支柱及圆销、开口销→中拉杆及圆销、开口销→制动梁支柱夹扣→下心盘螺栓→制动梁梁体→交叉杆扣板螺栓→车轮→闸瓦及闸瓦插销→闸瓦托→安全索→制动梁端轴→交叉杆→摇枕弹簧→摇枕→摇枕弹簧→交叉杆→闸瓦托→闸瓦及闸瓦插销→车轮→安全索→制动梁端轴→上拉杆及圆销、开口销→中拉杆及圆销、开口销→制动梁支柱及圆销、开口销→制动梁支柱夹扣→下心盘螺栓→制动梁梁体→交叉杆扣板螺栓→车轮→闸瓦及闸瓦插销→闸瓦托→安全索→制动梁端轴→摇枕弹簧→交叉杆。

49. 在列检作业场对装有闸瓦间隙自动调整器的运用车辆，如何更换闸瓦？

答：运用中的车辆在更换闸瓦时，如果闸瓦与车轮之间的间隙不足，可用手工转动闸瓦间隙自动调整器的外体，使螺杆伸长。一般在换一块闸瓦时，可不需用人工调整闸瓦间隙自动调整器。当换两块闸瓦时，转动不大于两圈，换三块闸瓦时不大于四圈，以此类推。如果转动太多，换完闸瓦后，须倒转回来。换闸瓦时不得改动各拉杆和杠杆的销孔位置，同时，不得调动$A_{推}$或$A_{杠}$值。

50. 车辆发生故障或事故时车辆段调查人员到达现场后应调查哪些内容？

答：车辆段调查人员到达事故或故障发生地点后，须进行全面调查，并及时逐级汇报概况，主要内容包括：(1)发生时间、地点、车次、始发车站，列车运行正点时分、晚点时分及甩车时间，前方列检作业情况，本铁路局集团公司沿途铁路货车运行安全监控系统探测和监测情况，以及运行、沿途甩挂情况。(2)编组辆数、故障铁路货车的车种车型车号、定检、编挂位置、货物装载、破损部件名称、部位及破损程度，热轴故障还应记录滚动轴承标志板内容、轮轴技术状态等。(3)有关作业记录、台账资料、管理制度等。

51. 通过作业 TFDS 动态检查范围和质量标准包括哪些内容？

答：(1)滚动轴承轴箱无破损；轴承前盖、轴端螺栓无丢失；承载鞍无错位。(2)摇枕、侧架、一体式构架、副构架无折断；心盘无脱出；交叉支撑装置盖板及交叉杆体无折断，交叉杆端部螺栓无丢失；轴箱、摇枕弹簧无丢失。(3)钩尾框无折断；钩提杆无脱落；钩尾销插托无错位，螺母无丢失；钩尾销安全吊螺栓、螺母无丢失；车钩托梁无折断；安全托板、钩尾框托板、钩尾销托梁无脱落。(4)折角塞门、直端塞门手把无关闭(列尾端未挂列尾装置的除外)。(5)制动缸、副风缸、加速缓解风缸、容积风缸、降压风缸、缓解阀拉杆、脱轨自动制动装置拉环无脱落。(6)制动梁、上拉杆、下拉杆无折断、脱落；制动梁支柱圆销、开口销、拉铆销套环无丢失；下拉杆圆销、开口销无丢失。(7)人力制动机轴链、折叠式人力制动机轴无脱落。(8)车门、端板、渡板无脱落；重车地板、浴盆板破损故障不影响行车安全。

52. 在实际工作中如何正确使用半自动缓解阀？

答：在进行调车或检修作业时，如果只要求排除制动缸压力空气，使制动机缓解，而仍需保留副风缸和加速缓解风缸的压力空气时，则拉动缓解阀拉杆后，只要听到缓解阀活塞部下面的排风口或主阀排气口有压力空气排出，便可松开拉杆。制动缸压力空气很快便会自动排完。如果要排出整个制动系统的压力空气时，则必须一直拉着缓解阀拉杆，直至各风缸压力空气排完为止。

53. 发生事故时怎样进行事故救援？

答:事故救援的目的在于迅速开通线路，恢复行车，尤其在铁路干线和正线运输繁忙的区段必须以最快的速度、最短的时间，把事故机车车辆以及破损线路快速抢修好并清理好，为恢复行车创造条件。事故现场的救援指挥人员应利用事故现场的地形、地物、设备等条件，组织多种方法平行作业，争分夺秒恢复通车。救援普遍采用的方法分别如下：(1)变线开通法。(2)拉翻法：①机车拉翻法；②拖拉机拉翻法；③人力拉翻法。(3)移车法。

54. 转向架都受哪些外力？

答:(1)垂直静载荷：主要是心盘处所承受的车辆自重和载重。(2)垂直动载荷：指车辆运行时，承受复杂的振动、冲击所引起的作用与转向架的垂直方面的动载荷。(3)车体侧向力引起的附加垂直载荷：侧向力包括作用于车体的风力和离心力。在侧向力的作用下，车体侧向一侧，压住一侧的旁承，这就使此侧的侧架、轴箱、轴颈等附加了垂直载荷，而另一侧则减载。(4)侧向力所引起的水平载荷：作用于车体的侧向力将使转向架心盘上受到横向水平作用。同时，钢轨对轮缘产生一反作用力。(5)制动时引起的载荷：车辆制动时，车体的惯性力将使前转向架的垂直载荷增加，后转向架的垂直载荷减少。同时，在心盘上承受一纵向水平力。

55. 列车运行中发生车钩自动开锁时应如何处理？

答:如果列车在运行中发生车钩自动开锁，应先关闭相邻两车折角塞门停止列车排风，然后再与司机或有关人员联系，插好安全防护信号，检查车钩开锁原因。同时检查两条风管是否拉坏，经检查如果是由于钩提链过短造成的自动开锁，可将提钩杆和链的圆销及开口销卸下，重新安装应符合技术要求，如果属于其他原因造成的自动开锁，可用铁丝将钩锁销和钩头捆绑牢固，下作用车钩用木楔顶住钩头钩锁铁孔边缘处及钩锁销下部，并用铁丝捆绑牢固，达到不能提钩的作用。然后重新连结车钩，做“三态”试验。待良好后，接好新风管开通折角塞门。

56. 铁路货车运行安全监控系统的设置原则有哪些？

答:铁路货车运行安全监控系统轨旁设备的安装位置须避开曲线、长大下坡道、桥涵和调速区段，确保探测准确性。设置的基本原则如下：(1)THDS 探测站沿铁路线路平均距离 30 km 设置，特殊情况不超过 35 km。列检作业场所在车站进站信号机外均须安装，且须具备内、外探功能。(2)TFDS 探测站根据动态检查作业的需要设置，布点平均距离为 300 km，距列检作业场不小于 10 km。(3)TPDS、TWDS 探测站在进入列检作业场的前方铁路线路设置，布点平均距离为 400 km。(4)TADS 探测站在进入列检作业场的前方铁路线路设置，布点平均距离为 500 km。

57. 车辆脱轨时对现场哪些情况需要进行记载？

答：发生车辆脱轨时调查记载的主要内容有：(1)车轮脱轨点处轮缘与钢轨的情况，应区分车轮：爬上钢轨、跳上钢轨或垫上钢轨。(2)脱轨点至停车的距离及轮对走行的轨迹。(3)道床、轨枕、钢轨、辙叉、岔尖及护轮轨的技术状态。(4)脱轨轮对内侧距离。(5)轮缘厚度、圆周磨耗深度及垂直磨耗状态。(6)制动配件有无脱落。(7)脱轨时机车操纵牵引情况。(8)脱轨处的线路曲线半径及顺坡率。(9)车辆装载货物情况。(10)心盘及旁承的技术状态。

58. 制动缸漏风造成制动作用失灵或制动后自然缓解应检查哪些位置？

答：制动作用不良应检查的位置有：(1)皮碗磨耗、破损，或皮碗在活塞上安装不正位。(2)皮碗直径小或材质不良，气密性差。(3)皮碗在寒冷地区低温情况下硬化收缩，失去气密作用。(4)皮碗压板松动使皮碗窜风。(5)活塞裂纹、砂眼。(6)制动缸漏风沟过长，截面积过大。(7)制动缸内壁有拉伤或锈蚀。(8)制动缸后盖胶垫漏泄。(9)制动缸的附属装置漏泄。

59. 发生热轴时，列检作业场应对轴承做哪些调查？

答：滚动轴承车轴发生热轴时，应先检查车辆状态，有无甩油现象，螺栓是否松动。然后开盖检查油脂状态，看是否变质、缺油，油脂内有无杂物，调查密封挡和轴承形式及其技术状态，看其有无裂纹，保持架是否完整，轴承与轴箱组装状态是否良好，轴承游间是否过小，轴箱导框与导槽的间隙是否适当等。

60. 在现场作业时如何使用新型上锁销组成检测样板检查上锁销组成连接铆钉直径？

答：(1)按规定插设安全防护红旗(或红灯)，在沿途车站调查处理车辆故障使用时，将红旗(或红灯)插挂在车端部；要求红旗无破损、污迹，旗面展开；红灯明亮。(2)测量连接铆钉直径时，将检测样板水平对准铆钉并置于连接铆钉处，样板不能卡入则符合要求。(直径限度要求不小于 13 mm)(3)测量完毕后撤除安全防护红旗(或红灯)。要求轻拿轻放、不磕碰检测样板；擦拭完后，按规定恢复原状并放置在规定位置。

61. 简述调整车钩高度的计算方法和调整步骤。

答：(1)用计算方法来调整车钩高度前必须确认以下几点：①现车的两端车钩高度。②需要调整达到的两端车钩高度，即计划钩高。③该车车钩与心盘及两心盘间的距离比。(2)调整步骤可分两步：①先将两端车钩调平。②调至要求高度。当一端符合要求，只需要调整另一端时，车钩需要调整的高度就可以得出。计算时，可利用相似三角形判定定理来进行。

62. 铁路货车脱轨自动制动装置的基本结构有哪些？

答：铁道货车防脱轨自动制动装置（简称脱轨制动装置）是在车辆原有的空气制动系统制动主管上增加两个支架支路，其不影响原空气制动系统工程的性能。脱轨制动装置由铁道货车脱轨自动制动阀(简称脱轨制动阀）、球阀、三通和管路等组成。脱轨制动阀是脱轨制动装置的核心部件，每根车轴处安装一套，车辆脱轨时，制动阀杆被打断，制动主管与大气连通，致使列车发生紧急制动。在制动主管与脱轨制动阀的连接管路中安装一个不锈钢球阀，用于在车辆脱轨或脱轨制动阀发生故障时截断脱轨制动装置支路。

63. 预报的热轴车辆如何进行处理？

答：(1)列车调度员接到热轴预报后，必须按照热轴预报等级的要求及时准确拦停列车，安排甩车处理。(2)运行列车本务机车乘务员接到热轴停车命令后，应采用常用制动停车。(3)列车停车后，有列检所(包括轴温处理站，货车列检所、轴温处理站只负责货车热轴)的由列检所处理。没有列检所的由车辆乘务员确认，没有车辆乘务员的由机车司机协助确认能否继续安全运行。(4)车辆段调度接到分局车辆调度的热轴甩车通知后，必须及时通知、安排区间处理摘甩热轴故障车辆。

64. 车辆制动机在运用中应具备哪些功能？

答：(1)制动机必须保证列车在正常速度运行时能够在规定的制动距离内停车。(2)列车分离时，制动机能保证分离的两部分车列自动停车。(3)有尽可能快的制动波速，以保证制动作用的迅速敏捷。(4)缓解波速也要快，尤其是对于长大列车就更加必要。(5)易于实施制动力的增减，以保证列车平稳地(无冲动)停车。(6)必须保证列车前部和后部车辆的制动与缓解的一致，以避免紧急制动时各车辆之间的剧烈冲动。(7)制动机结构简单可靠，便于制造与检修。

65. 电气化铁路区段的列检作业，须同时执行哪些规定？

答：(1)严禁直接、间接地与接触网导线接触，严禁攀到车顶、罐顶、机械冷藏车冷冻机工作台上、装载的货物上面及棚车、敞车的人力制动机踏板台上。(2)携带的任何物件与接触网设备的带电部分应保持 2 m 以上的距离。(3)列检设施的安装及工具、材料、配件的堆放，必须与电气化有关设备隔开 0.5 m 以上的距离。(4)接触网导线折断下垂搭在车辆上或其他物品与接触网接触时严禁进行处理，应保持 10 m 以上的距离，同时对现场进行防护，并及时通知车站进行相应处理。(5)严禁在电气化线路的有关设施、设备处所倚靠或坐卧。

66. 因车辆原因引起的脱轨因素包括哪些？

答：(1)转向架与车体的斜对称载荷、构架扭曲、弹簧刚度不一致、轮径不一致、前后心盘不平行或对角旁承压死等都能引起轮对一侧减载而造成脱轨。(2)旁承摩擦力过大，阻碍转向架转动，通过曲线时，使轮缘承受过大侧向压力引起脱轨(在采用旁承支重的转向架上易发生)。(3)轴箱定位刚度过大，使轮对与钢轨间侧向冲击力增大，易造成脱轨。(4)空车比重车易脱轨，这是因为空车弹簧挠度小，对线路扭曲的适应力差。(5)车辆重心位置过高，影响各轮垂直载荷的分配，也易引起脱轨。(6)旁承游间过大，能引起车辆过大的侧滚振动，对防脱轨安全性也有影响。(7)轮缘外侧粗糙，加大了轮轨间的摩擦力，很容易造成脱轨。

67. 试述 TFDS 动态检查交叉杆端部紧固螺栓松动的判断方法。

答:交叉杆端部紧固螺栓松动不是以螺栓来判断的,而是以锁紧板的状态间接地去分析螺栓的状态。判断此类故障应注意两点:一是看锁紧板是否存在卷边或弯曲变形;二是看锁紧板在交叉杆支撑座中的位置,不管锁紧板自身制作的形状如何,只要没有卷边或弯曲变形,锁紧板的各边全部卡在支撑座的卡槽内,可以认为紧固螺栓是正常的,如果锁紧板有任何一条边跳上支撑座卡槽,说明端部紧固螺栓松动。正常交叉杆锁紧板应与侧架支撑座对称安装,当螺栓松动后,锁紧板位置发生旋转位移;当设备的定位角度发生变化,要现场移动予以确认交叉杆端头螺栓是否松动。交叉杆端头螺栓丢失的故障,由动态检车员通过观察判断,锁紧板一同丢失会导致该部位形成一个黑洞。

68. 试述 TFDS 动态检车员检查车辆抱闸的判断方法。

答:列车在通过 TFDS 探测站观察列车进站情况,看列车在探测站是否存在减速或停车的情况。"活塞在外前后比,侧架部位亮火星",在检查过程中查看制动缸活塞情况,如果列车没有减速、停车,在检查过程中发现制动缸活塞处于制动状态,应怀疑制动阀的缓解作用是否正常,同时对同一列车其他制动缸活塞进行联锁判断。如果同一列车制动缸活塞有三件及以上处于制动状态时应属正常情况,如果同一列车制动缸活塞有三件以下处于制动状态时,很可能此辆车存在缓解不良故障。同时在侧架部位对此辆车的闸瓦状态进行部位之间的互控,形成中间部、转向架底部、侧架部三个部位之间的联防联控。

69. TFDS 动态检车员发现哪些车辆故障应立即拦停?

答:(1)制动梁折断、脱落。(2)下拉杆脱落,圆销、开口销丢失。(3)制动梁支柱圆销、开口销丢失。(4)交叉杆折断。(5)折角塞门关闭。(6)制动缸及各风缸脱落。(7)闸瓦插销丢失、人力制动机紧固或与吊架卡滞、互钩差超限能够准确判断的。(8)钩提杆折断、脱落,人力制动机轴链脱落危及行车安全。(9)从板、从板座丢失,钩尾销或插托板螺栓折断、丢失。(10)重车地板破损影响行车安全。(11)平车端板脱落,具有车体侧部拍摄功能的设备检查发现敞车中门、其他车型检修门开放。(12)车辆搭载异物危及行车安全。(13)轴承冒烟、轴承前盖丢失、轴承外圈破损,轴端螺栓折断、丢失等其他危及行车安全的铁路货车故障。

70. 试述闸瓦间隙自动调整器动作失灵的原因及处理方法。

答:(1)造成闸瓦间隙自动调整器动作失灵的原因:①偶然动作失灵。②不动作,冬季结冰或内部零件损坏。③不规则动作。(2)处理方法:①如偶然动作失灵,可手旋外体 1~2 圈,再动作,缓解 1~2 次,有可能恢复正常。②如不动作,则做标记,待车到有备件的列检所后,可整体更换。③如遇有不规则动作,要关闭风源,手旋外体使螺杆伸长 60~90 mm,同样打上标记,准备更换。

71. TWG-1 系列空重车自动调整装置单车试验时常见故障及处理方法有哪些?

答:常见故障及处理方法有:(1)空车位或重车位制动时,制动缸不出闸。原因:阀体或阀座上制动缸气路的塑料堵未清除。处理方法:清除阀体或阀座上各气路的塑料堵。(2)TWG-1A 型或 C 型自动调整装置重车位制动时,制动缸压力只达到 220 kPa 左右。原因:将 TWG-1A 型或 C 型自动调整装置错装成 TWG-1B 型或 D 型。处理方法:更换成 TWG-1A 型或 C 型自动调整装置。(3)空车位制动时降压气室压力过低。原因:与降压气室相连接的管路漏气。处理方法:排除漏泄。(4)空车位制动时制动缸压力过低。原因:制动缸活塞行程过大。处理方法:按规定调整制动缸活塞行程。(5)空车位或重车位制动时制动缸压力过低。原因:制动缸管路漏泄。处理方法:排除漏泄。

72. 车钩应具备哪些条件?

答:(1)具有良好的"三态"作用。(2)不因有少量磨耗而失去主要部位的机能,不因冲动而使部件折损或弯曲。(3)不因牵引或冲动而使钩舌销直接负担力量,在钩舌销折损时也不影响车钩的闭锁位置。(4)牵引时,钩锁铁负担的力量,能均匀地传给钩头内侧壁的接触面。(5)经常承受冲击力量的钩头前壁须宽广。(6)应具有防止在运用中因振动而自动脱钩的装置,即防跳装置。(7)不须用强力冲击就能连挂,遇有强振动或冲击时也不妨碍其连挂。(8)应很快地达到闭锁或全开位置。(9)容易确认完全连挂状态。(10)使杂物不容易进入钩头内部,以免阻碍其作用。(11)安装在车辆上时,钩身上下左右须有自由活动的适当游间。

73. 货车中破范围是如何规定的?

答:货车破损程度达到下列条件之一是为中破:(1)中梁、侧梁、端梁、枕梁中任何一根弯曲或破损。(2)牵引梁折断一根(贯通式中梁牵引部分按中梁算,非贯通式及无中梁的按牵引梁计算)。(3)货车车体破损凹凸变形(不包括地板),敞车面积达 25%,棚车、机械冷藏车、罐车面积达 15%(火灾或爆炸烧损计算车体面积时,包括地板在内);0.8 mm 以下低边车和平车发生火灾或爆炸烧损面积 50%(包括端、侧板及地板)。(4)转向架的侧架、摇枕、均衡梁或轮对破损需要更换任何一项。(5)机械冷藏车的冷冻机、柴油机、发电机破损任何一项需要段修。

74. 货车大破范围是如何规定的?

答:货车破损程度达到下列条件之一是为大破:(1)中梁、侧梁、端梁、枕梁中任何一种弯曲或破损合计够两根(中梁每侧按一根计算)。(2)牵引梁折断两根,或折断一根加上述各梁弯曲或破损一根(贯通式中梁牵引部分按中梁计算,非贯通式及无中梁的按牵引梁计算)。(3)货车车体(底架以上部分)破损或凹凸变形(不包括地板),敞车面积达 50%,棚车、机械冷藏车、罐车面积达 30%(火灾和爆炸烧损计算车体面积时,包括地板在内);0.8 m 以下低边车和平车发生火灾或爆炸烧损面积达 90%(包括端、侧板及地板)。(4)机械冷藏车车体破损,需施修车棚椽子、侧梁、侧柱、通过台顶棚中梁、车棚内角柱、端柱的任何一项。(5)机械冷藏车的冷冻机、柴油机、发电机破损任何一项需要大修时。

75. 处理热轴时，检车员对无轴箱双列圆锥滚动轴承标志板怎样记载？

答：(1)车轴左端滚动轴承的标志板。A栏：轴承首次装用年月，轴承制造(大修)单位代号，轴承分类代号。B栏：轮对第一次组装年月日，车轴左端，轴号。C栏：轴承本次装用年月日。D栏：轴承本次装用单位代号，一般检修标记。(2)轮轴右端滚动轴承的标志板。A栏：轴承首次装用年月，轴承制造(大修)单位代号，轴承分类代号。B栏：轮对最后一次组装年月日，轮对组装单位代号。C栏：轴承本次装用年月日。D栏：轴承本次装用单位代号，一般检修标记。

76. 为什么有的车辆钢配件发生裂纹后准许焊修，有的不准焊修？

答：在焊接过程中，当温度超过1 600 ℃以上时，被电弧熔化的金属在熔化金属的熔池里会发生氧化、氮化现象。当熔池冷却时，即是金属结晶的过程。因为被熔化金属是从很高的温度冷却下来的，其组织近似铸造组织，金属晶粒十分粗大，性质变脆，受冲击后易产生裂纹。此外，焊接部分因受剧烈温度变化的影响，将留下很大的内应力从而导致金属韧性和塑性降低。加热到临界点AC3(800 ℃左右)的正火区，其特征是晶粒减少和机械性能改善。部分相变区包括AC1(723 ℃)到AC3(800 ℃左右)内的热影响区部分。在此区内，粗、细晶粒并立，降低了主体金属的机械性能。温度较低的再结晶区和蓝脆区的金属组织变化不大。焊接含碳量较高的钢时，在热影响区内可能形成淬火等硬化组织，这将大大降低焊接接头的塑性，并成为造成焊缝内夹有裂纹的原因。因此，钢的含碳量越多，可焊性越差。车轴是车辆配件中含碳量比较高(0.35%～0.45%)的配件，因而承受反复弯曲的交变载荷，故除不受弯曲影响的轴领部分外，其他部分不准焊修。

注：AC1为加热时珠光体向奥氏体转变的温度；AC3为加热时转变为奥氏体的终了温度。

77. 试述转向架主要零部件的受力分析与强度计算的意义。

答：(1)转向架是车辆的重要部件之一，其结构强度是否合理对车辆的运用指标、振动性能和运行安全性影响很大。(2)目前，我国客、货车转向架自重均较大，货车转向架的自重占整个车辆自重的30%～40%，客车转向架的自重占整个车辆自重的35%左右。由于转向架所占车辆自重的比重相当大，因此在保证具有足够的强度和使用寿命的情况下，减轻转向架的自重对于减轻整个车辆的自重，增大有效载重以及节省钢材是有实际意义的。(3)转向架的质量主要由构架(侧架)、摇枕、轮对、轴箱等几大部件的质量组成。簧下质量过大，将会增加轮轨间的动力作用，影响车辆运行的平稳性。但是，如果盲目地去减轻转向架自重，以致造成强度不足，将会增加检修工作量，不能适应高速运行的需要，甚至会严重危及行车安全。

78. 试述LM型车辆踏面形状较TB型车轮踏面形状的优越性。

答：(1)增加了轮缘高度，提高了防脱轨性能和安全通过道岔的可能性。(2)改善了轮缘外侧与钢轨头部侧面的配合关系，从而减少了轮轨磨耗。(3)改善了踏面中部的圆弧过渡关系，从而减少了踏面圆周磨耗。(4)改善了踏面锥度及外侧倒角，从而提高了通过曲线的圆顺性和通过道岔时的安定性,降低了运行的蛇行幅度。(5)由于减少了轮轨磨耗,从而减少了旋修时的切削量,提高了使用寿命。

79. 试述 MT-2 型缓冲器的作用原理。

答:在冲击过程中,冲击力所作功的一部分转化为缓冲器主系弹簧的弹簧能,另一部分转化为摩擦机构的摩擦功。冲击后,主系弹簧的弹簧能一部分消耗在摩擦机构复原过程中产生的摩擦功上。剩下的一部分能量传给从板,从而使缓冲器通过吸收冲击动能,起到降低作用在车辆上的冲击力作用。

80. 车辆部门在对列车进行作业时如何防止关闭折角塞门的列车发出?

答:防止关闭折角塞门的列车发出,除应加强综合治理外,必须严把以下防范措施:(1)列检必须严格执行作业标准,认真做好列车自动制动机的试验工作,并坚持送车制度。(2)制动机简略试验时,列车尾部检车员须在最后一辆有自动制动作用的制动缸活塞筒上涂打规定标记。(3)旅客列车的折角塞门都应使用铁丝捆绑。(4)列车进行全部或简略试验后,当不能立即发车时,必须施行保压制动,待具备发车条件时再缓解。(5)列车停车超过 20 min 时,严把简略试验关。

81. 调查事故报告需要记载哪些实际情况?

答:(1)事故发生的时间、地点、区间(线名、里程)、线路条件、事故相关单位和人员。(2)发生事故的列车种类、车次、机车型号、部位、牵引辆数、吨数、计长及运行速度。(3)旅客人数、伤亡人数、性别、年龄以及救助情况,是否涉及境外人员伤亡。(4)货物品名、装载情况,易燃、易爆等危险货物情况。(5)机车车辆脱轨辆数、线路设备损坏程度等情况。(6)对铁路行车的影响情况。(7)事故原因的初步判断,事故发生后采取的措施及事故控制情况。(8)应当立即报告的其他情况。

82. 在列检作业场现场作业时从哪些方面可以调整车钩高度?

答:车辆经运用后,有些零部件发生了磨耗与变形,将引起车钩高度不同程度的降低,在调整车钩高度时,可从以下几个方面入手:(1)对于车轮踏面磨耗严重者,可更换大直径车轮。(2)下心盘磨耗严重及其垫板变形过薄时,可更换上下心盘或加心盘垫板。(3)如弹簧高度不够,可更换弹簧或加弹簧垫板。(4)钩身或钩托板磨耗、下垂时,可加垫板。(5)车钩上翘、下垂、变形严重时,可加修车钩,使其恢复原样或更换车钩。(6)在轴箱上部加轴箱垫板。

83. 发现滚动轴承出现哪些情况时需更换轮对?

答:发现有下列情况之一时,须更换轮对:(1)轴承外圈、前盖、后挡有裂损或破损,轴承前盖丢失。(2)密封罩脱出,轴端螺栓折损,丢失。(3)滚动轴承发生热轴,受到水浸、火灾。

(4)滚动轴承车辆重车脱轨须更换全车轮对,并全车轴承报废。(5)滚动轴承车辆空车脱轨须更换同一转向架的轮对。(6)前盖螺栓全部松动时须更换轮对。

84. 试述车钩裂纹的部位、外观象征及检查方法。

答:(1)裂纹部位:①上下钩耳及下锁销孔处;②钩舌内侧弯角处及钩舌销孔处;③钩尾棱角及钩尾销孔处;④钩头及钩身接触棱角处(离钩肩 50 mm 范围内);⑤距钩肩 200 mm 左右的钩身上。(2)外观象征:①表面材质粗糙,有气孔、砂眼等缺陷;②钩肩弯角处过陡或下部没有加强筋;③钩身侧面与冲击座接触并磨耗发亮者;④钩头下垂;⑤两车钩连接游间过大。(3)检查方法:检查下钩耳时,光线需由上方斜照到钩耳圆弧台面上。强光缓缓移动,并根据需要调节光线的强弱和角度。如有自然光干扰时,应遮住。这样,有裂纹便可发现。用同样的方法检查钩耳上弯角。发现两车钩连接游间过大时,应注意钩舌弯角处。光线应从钩舌水平方向照射两车钩接触处,强光沿着钩舌外部弯角照射到内部。当发现裂纹时,应将手电筒移至车钩上方(检查上弯角)或下方(检查下弯角),顺钩舌与钩耳的间隙垂直照入,注意裂纹是否向内延伸。检查车钩钩身时,光线需与钩耳平面成 45°,与裂纹方向成交叉形,特别注意棱角处。

85. 对车辆中、侧梁应重点检查哪些部位?

答:(1)中、侧梁明显下垂或弯曲、底架倾斜时应彻底检查。(2)中、侧梁腐蚀严重的车辆,要详细检查。(3)中梁腹板开有制动管孔或制动杠杆孔的,应在开口处细心检查。(4)一侧有补强板的中梁,要注意检查无补强板的一侧有无裂纹。(5)侧柱外胀时,应注意检查其根部侧梁铆钉孔或焊接处有无裂纹。(6)带有补强板的中梁,应注意检查因补强板失效而可能会引起的裂纹。(7)带有几段拼焊盖板的中梁,应详细检查焊缝处有无盖板开焊及导致翼板裂纹。(8)对中梁盖板较短者,应注意检查盖板燕尾部。总之,中梁和侧梁有弯曲、下垂、扭曲或有电焊、铆钉、补强板及经过较大冲撞的车辆,都要细心检查。

86. 按照货物列车的作业性质可分为哪些作业?

答:货物列车的作业性质分为到达作业、始发作业、中转作业、通过作业。(1)到达作业:指对列检作业场所在车站到达列车进行的作业,实行人机分工检查方式,对铁路货车执行“人机分工 TFDS 动态检查范围和质量标准”和“到达列车人机分工人工检查范围和质量标准”;列检作业场接入列车进路无 TFDS 的,实行人工检查方式,对铁路货车按“人机分工 TFDS 动态检查范围和质量标准”和“到达列车人机分工人工检查范围和质量标准”范围执行。(2)始发作业:指对列检作业场所在车站始发列车进行的作业,实行人工检查方式,对铁路货车执行“始发列车检查范围和质量标准”。(3)中转作业:指对列检作业场所在车站且处在列检作业安全保证距离位置上的中转列车进行的作业,实行人机分工检查方式,对铁路货车执行“人机分工 TFDS 动态检查范围和质量标准”和“中转列车人机分工人工检查范围和质量标准”;列检作业场接入列车进路无 TFDS 的,实行人工检查方式,对铁路货车执行“始发列车检查范围和质量标准”;对加挂的铁路货车,实行人工检查方式,执行“始发列车检查范围和质量标准”。

(4)通过作业：指对上述情况以外的货物列车，利用 TFDS 进行的作业，实行动态检查方式，对铁路货车执行"通过作业 TFDS 动态检查范围和质量标准"。

87. 在列检作业场现场作业时，发现轮对哪些故障时需要更换？

答：(1)车轴有横裂纹时。(2)车轴纵裂纹超过规定限度时。(3)两轮间轴身上有磨、碰、弹伤或电焊、打火等缺陷，经处理后痕迹深度达 2.5 mm 时。(4)轴颈、轴领、防尘板有磨、碰、拉伤时。(5)轴颈因燃轴而弯曲变形时。(6)轴端螺纹或轴端螺栓孔损伤，不能起紧固作用时。(7)整体车轮有裂纹时(踏面剥离前期的裂纹除外)。(8)轮对磨耗、擦伤、剥离、凹入、缺损过限时。(9)轮毂移动或车轮窜动时。(10)轮座与轮毂接缝处透出红锈铁粉时。(11)空车脱轨造成轴身弯曲使轮对内距三点差超过规定时。(12)车辆颠覆或脱轨时。

88. 通过作业 TFDS 动态检查范围和质量标准包括哪些内容？

答：(1)滚动轴承轴箱无破损；轴承前盖、轴端螺栓无丢失；承载鞍无错位。(2)摇枕、侧架、一体式构架、副构架无折断；心盘无脱出；交叉支撑装置盖板及交叉杆体无折断，交叉杆端部螺栓无丢失；轴箱、摇枕弹簧无丢失。(3)钩尾框无折断；钩提杆无脱落；钩尾销插托无错位，螺母无丢失；钩尾销安全吊螺栓、螺母无丢失；车钩托梁无折断；安全托板、钩尾框托板、钩尾销托梁无脱落。(4)折角塞门、直端塞门手把无关闭(列尾端未挂列尾装置的除外)。(5)制动缸、副风缸、加速缓解风缸、容积风缸、降压风缸、缓解阀拉杆、脱轨自动制动装置拉环无脱落。(6)制动梁、上拉杆、下拉杆无折断、脱落；制动梁支柱圆销、开口销、拉铆销套环无丢失；下拉杆圆销、开口销无丢失。(7)人力制动机轴链、折叠式人力制动机轴无脱落。(8)车门、端板、渡板无脱落；重车地板、浴盆板破损故障不影响行车安全。

89. 什么叫轮对的蛇行运动？产生蛇行运动的原因及其对车辆有哪些影响？

答：轮对在直线上以不同直径的滚动圆作滚动时，车轮就会不断地作横向摆动，这种横向摆动称为蛇行运动。蛇行运动与车轮踏面锥度有关。因为踏面具有 1/20 锥度，故只有当轮对锥度的基本点严格地位于线路中心线上，而且轮对的轴线垂直于线路中心线时，则两车轮踏面直径相同，轮对才能做直线运动。实际上由于各种因素的影响，轮对总会出现横向偏移，两轮就可能以不同直径的踏面圆在钢轨上滚动。两轮行程不等，轴线则偏斜，这样又改变了踏面圆直径，然后轮对又偏向另一侧。如此反复延续下去，轮对中心的运动轨迹就成为一条波形曲线，即轮对蛇行运动。蛇行运动的存在，使车轮踏面易得到较均匀的磨耗。但在剧烈的蛇行运动中，车轮轮缘和钢轨相碰，可能挤开钢轨而造成脱轨事故，增加了运行阻力。另外，由于横向摆动恶化，还将影响到车辆运行速度的提高。

90. 哪些机车车辆禁止编入列车？

答：(1)插有扣修、倒装色票的及车体倾斜超过规定限度的。(2)曾经发生冲突、脱轨、火灾、爆炸或曾编入发生特别重大、重大、较大事故列车内以及在自然灾害中损坏，未经检查确认可以运行的。(3)装载货物超出机车车辆限界，无挂运命令的。(4)装载跨装货物(跨及两平车的汽车除外)的平车，无跨装特殊装置的。(5)平车及敞车装载货物违反装载和加固技术条件的。(6)未关闭侧开门、底开门以及平车未关闭端、侧板的(有特殊规定者除外)。(7)由于装载的货物需停止自动制动机的作用，而未停止的。(8)企业自备机车、车辆、自轮运转特种设备和城市轨道车辆、进出口机车车辆过轨时，未经铁路机车车辆人员检查确认的。(9)缺少车门的(检修回送车除外)。(10)超过定期检修期限的客车车辆(经车辆部门鉴定的回送客车除外)禁止编入旅客列车。

91. TFDS动态检查对非提速铁路货车的检查范围和质量标准是什么?

答:(1)车轮无缺损。(2)滚动轴承无甩油，外圈无破损，密封罩无脱出，前盖无裂损、丢失，轴端螺栓无丢失，承载鞍无错位，挡边无折断。(3)摇枕、侧架无裂损，斜楔、侧架立柱磨耗板无破损、窜出、丢失，摇枕斜楔摩擦面磨耗板无窜出，摇枕弹簧无折断、窜出、丢失，下心盘螺栓无折断、丢失。(4)钩体及钩尾框无裂损，钩舌销无折断、丢失，钩锁锁腿无折断，车钩连接状态良好，钩提杆无变形、脱落、丢失，钩提杆座无脱落、丢失，钩提杆链无折断、丢失，从板及从板座无破损、折断、丢失，缓冲器无破损，钩尾框托板无裂损，螺栓及螺母无丢失，钩尾扁销及托板螺栓、螺母、开口销无折断、丢失，车钩托梁无裂损，螺栓、螺母无丢失。(5)空气制动机配件无丢失，防盗罩无脱落，空重车调整杆无脱落、丢失，制动缸、各风缸及堵无脱落、丢失，制动缸活塞推杆无丢失，连接管无折断，制动软管连接状态良好，折角塞门、截断塞门手把无关闭，闸调器无破损、丢失，拉杆圆销、开口销无折断、丢失，缓解阀无丢失，缓解阀拉杆无折断、脱落、丢失，远心集尘器无破损、丢失。(6)制动梁无裂损、折断、脱落，端轴无折断，安全链无折断、脱落，安全吊无脱落、丢失，基础制动装置各杠杆、拉杆、推杆及圆销、开口销无折断、丢失，吊架、托架无脱落，固定杠杆支点座、固定杠杆支点及制动梁支柱圆销、开口销无折断、丢失，闸瓦及闸瓦插销无折断、丢失。(7)人力制动机拉杆及吊架无折断、脱落、丢失，滑轮无丢失，轴链、拉杆链及圆销、开口销无折断、丢失。(8)铁路货车车号自动识别标签无破损、丢失。(9)车体地板、端墙板无破损，牵引梁、端梁无弯曲、破损。

92. 车辆钢铁配件断裂情况可分为几种？各有何特点？

答:车辆钢铁配件断裂可分为三种情况:(1)脆性断裂，其特点是表面无显著变形，断面凹凸不平，并且都是新痕。脆性材料如铸铁闸瓦，其断裂表面常有此现象。当配件受硬性冲击时会发生脆性断裂，如调车溜放时冲击速度太高而引起车钩断裂。此外，材料内部的夹灰、夹渣气孔等缺陷，也能引起脆性断裂。(2)塑性断裂，其特点是断裂表面有明显的塑性变形。例如，轴颈在高温下变软后，受反复弯曲作用而被拉长，以致切轴，其断裂处有显著缩口。(3)疲劳断裂，是指配件在长期交变载荷作用下所引起的折损，其特点是:① 折断处无显著塑性变形;② 断面可明显分为两部分:旧痕表面很光滑并呈暗褐色，这是因为配件裂纹处相对平面在长期交变载荷作用下互相研磨而形成的;新痕表面为银白色,与脆性断裂的断面相似,这是因为疲劳裂纹逐渐发展扩大,使受力断面越来越小,最后突然断裂。疲劳断裂是车辆配件最常见的断裂。一般情况下,受反复交变载荷作用的配件,其可能出现疲劳裂纹的应力大大低于该配件材料的强度极限。例如,车轴钢的强度极限为 490 MPa 以上;而其疲劳极限(可能出现疲劳裂纹的应力)则在 196 MPa 以下;疲劳断裂的另一个特点是有的车辆从使用到出现裂纹的时间比较长。例如,车轴轮座裂纹的实例统计表明,从组装到出现横裂纹的时间大多超过 8 年。由此可知,发生疲劳断裂的配件前期表面无显著的变形,直接发现是比较困难的。但由于疲劳裂纹的出现到配件断裂的时间比较长,只要采取严密的检修制度及科学的检查方法,是能够先期发现的。车辆配件发生断裂后,首先必须判定是脆性断裂还是疲劳断裂。如果是疲劳断裂,有旧痕的,其责任在检修部门;如果是脆性断裂,其责任在制造或运用部门。

93. 在列检作业场现场作业时发现滚动轴承故障时应如何检查?

答:(1)关闭故障车辆的截断塞门,排尽副风缸风压(截断塞门手把必须关到位,手把与塞门成 90°,手把中心线距到位点的角度不得大于 15°)。(2)用手拉动缓解阀拉杆排尽副风缸余风(副风缸内存风必须排干净才松开拉杆)。(3)安装止轮器(在本转向架非转动端轮对踏面下分别安装 2 个止轮器,共计 4 个。安装止轮器密贴车轮踏面)。(4)卸下挡键开口销。(5)卸下挡键螺母和螺栓(用活扳手固定挡键螺栓上盖,下部活扳手要搭牢不发生滑扣),取下挡键。安装卡具下部挂钩要挂入槽,紧固顶丝无松动。(6)选择合适地基铺设轨枕垫,最好铺设在轨枕上方。(7)架设千斤顶并垫防滑垫,保持镐身与地面垂直,向右侧旋转关紧油门。(8)抬升千斤顶,使侧架连带承载鞍离开轴承外圈并保持一定间隙。(9)转动检查判断轴承故障,要注意听轴承内有无异音,手感有无不匀和卡阻现象。(10)落下千斤顶时开油门要缓慢开启、缓慢落下,不得猛落以防对轴承造成伤害。(11)平行将千斤顶取出,不发生倾斜,以免损伤千斤顶。(12)取出轨枕垫应及时快速取出。(13)卸下承载鞍卡具。(14)安装轴承挡键,紧固挡键螺栓、螺母。

94. 在列检作业场现场作业时如何修复闸瓦托磨损?

答:(1)关闭故障车辆的截断塞门,排尽副风缸风压(截断塞门手把必须关到位,手把与塞门成 90°,手把中心线距到位点的角度不得大于 15°)。(2)用手拉动缓解阀拉杆排尽副风缸余风。(3)撬开闸瓦托使之离开车轮踏面。(4)用手锤和扁铲配合清除闸瓦托上的熔渣。(5)安装良好闸瓦(使用有生产资质厂家的原形闸瓦,瓦背上的闸瓦型号及生产厂家代码标记端,安装在制动梁闸瓦托的上瓦背须与闸瓦托四爪接触);安插闸瓦插销(闸瓦插销穿入闸瓦托与闸瓦的插销孔内正位入底,底部环眼孔露出闸瓦托底部,敞车须安装闸瓦插销环);质量检查(禁止高、低摩合成闸瓦互换安装使用,同一制动梁两端闸瓦厚度差不超限)。(6)打开截断塞门(扳动截断塞门手把使之与支管平行,手把中心线距到位点的角度不得大于 15°)。

95. 列车在中途区间发生制动梁脱落时,应如何处理?

答:列车在中途区间发生制动梁脱落造成临时停车时,应立即奔赴出事地点,观察并查找制动梁脱落的原因，然后插好安全防护信号通知司机严禁动车，必要时设专人瞭望，然后返回出事地点。首先关闭截断塞门，然后卸下该车和邻车的两条人力制动机链，用人力制动机链将脱落制动梁绕紧，并将螺栓及母紧固好，再将人力制动机链另一端（带螺栓端）用螺栓穿于摇枕上，安全链孔内将螺栓用螺母紧固好，将制动梁吊起，使其停止制动作用。如果附近有较粗铁丝可直接将制动梁捆绑在安全链孔处即可；如果制动梁脱落造成制动梁弯曲变形时，以上方法解决不了，可直接将制动梁拆除，放于车内使其停止制动作用。

96. 简述人机分工 TFDS 动态检车员对空气制动装置的检查范围及质量标准。

答：制动缸、副风缸、加速缓解风缸、容积风缸、降压风缸无脱落、丢失，吊架无脱落；制动阀防盗罩无脱落；制动主管、支管、连接管无折断，卡子及螺母、法兰螺母无丢失；空重车自动调整装置限压阀、调整阀无丢失，横跨梁无折断，螺母及开口销无丢失；制动软管、远心集尘器及组合式集尘器、缓解阀无丢失，制动软管连接状态良好，制动软管吊链无丢失、挂钩与制动软管无脱出，制动软管堵及吊链无丢失；缓解阀拉杆、空重车调整杆无折断、脱落、丢失；缓解阀拉杆开口销无折断、丢失，吊架无脱落；折角塞门、直端塞门手把无关闭（列尾端未挂列尾装置的除外），截断塞门手把无关闭，折角塞门、直端塞门手把及卡子无丢失；闸调器无破损、闸调器螺杆连接螺母防松垫圈及开口销无丢失；脱轨自动制动装置拉环无脱落，拉环无丢失，塞门手把无关闭（中转作业故障时现场可不处理）；集成制动装置闸调器控制杆螺母及锁紧螺母无丢失，制动缸连接软管无脱落，制动缸安装拉铆销套环无丢失。

97. 简述人机分工 TFDS 动态检车员对车钩缓冲装置的检查范围及质量标准。

答：钩体、牵引杆、钩尾框无折断；钩舌销无折断、丢失，钩舌销开口销无丢失；钩锁锁腿无折断，下锁销组成配件无丢失、脱落；钩提杆及复位弹簧无折断、丢失；从板无折断、丢失，从板座、缓冲器无破损；安全托板、钩尾框托板、钩尾销托梁螺母、开口销无丢失；钩尾销插托无错位，螺母无松动、丢失；钩尾销及安全吊螺母无松动、丢失，13 号、13A 型钩尾框安全吊螺栓开口销无丢失，13B 型钩尾框钩尾销螺栓开口销无丢失；车钩托梁无折断，螺栓、螺母无丢失；钩体支撑座、钩尾框托板、钩尾销托梁、从板、缓冲器箱体含油尼龙磨耗板无窜出；钩体支撑座止挡铁及螺母或铆钉无丢失；车钩防跳插销及吊链无丢失，车钩防跳插销插设良好（到达作业故障时现场可不处理）。

98. 列车在区间发生钩舌拉断或破损时应如何进行处理？

答：列车在区间突然发生钩舌拉断或破损，造成列车停车时，处理方法如下：(1)遇有钩舌拉断或破损时，可以使用机车前部或列车最后一辆车属部的钩舌调换使用，如果型号不对或也是坏钩舌时，可采用就近取材代用法。(2)在原关门车的车辆上拆下两个移动杠杆，然后卸下两钩舌，把两个移动杠杆分别夹于两钩耳相对位置，然后将两条轴箱螺栓或车门圆销分别插入两钩耳孔内，用螺母或开口销固定即可；用固定支点（五眼铁）也可以代用，在离拉断钩舌最近的关门车上，卸下两个固定支点，然后把两钩舌卸下，安装固定支点前先在两固定支点端部孔上装上圆销及开口销，然后将其穿入两钩耳之间，并用两条大螺栓或车门圆销分别插入钩耳孔内，并用螺母或开口销固定，使其相互连接。

99. 现场作业时对起非常机车车辆造成的事故如何进行调查？

答：(1)勘查现场，详细检查机车、线路及其他设备。检查记录机车、车辆、线路及设备情况。(2)记录发生地点、铁路局集团公司、车辆段、列检作业场、线路名称、区间(站)、里程、曲线半径、线路坡度、发生时间、调度通知时间、出动时间、到现场时间、图定时间、实际时分、晚点时分、开通时分、处理完时分；车辆概况、车种车型车号、定期检修的单位及日期、故障车编挂位置、制造厂代号、年月日、起非常机车车辆概况；机车风压、机车漏泄量、列车漏泄量、车辆编挂位置、感度保压试验减压、缓解时间、安定试验减压、缓解时间；关门车辆数及位置、会同司机、车站值班人员姓名、其他原因。(3)对事故车辆进行详细的技术检查并做好详尽记录，必要时应拍摄照片，并通知有关局、段、站来人共同确认。

100. 试述 TFDS 动态检车员检查大部件裂纹、裂损的判断方法。

答：由于大部件上容易存在油迹和水迹，与裂损故障容易产生混淆，所以在大部件故障裂损的判断上主要采用排除法。“侧架摇枕制动梁，受力部位看端详”，重点检查这些大部件时应先排查这些大部件容易发生裂损的部位，如侧架三角孔、导框部位，摇枕的排水孔，制动梁梁架靠近端轴部位等。“弯角销孔横断面，曲是直非不管穿”，在容易发生裂损部位的销孔、弯角、横断面处进行重点检查，裂损故障在图像上显示的多为曲线，核查在部件上的两个起点没有超过此部件的横断面且没有形成贯通；以侧架导框为例，如果线形从导框下平面一直延伸至上平面，侧架导框在车体质量的作用下早已折断，所以此类由下到上的贯通线形可以排除掉裂损的可能。“裂纹起点必走边，弯弯曲曲向外钻”，裂纹都是从一个边角或是铸造缺陷处开始，逐步地向外延伸，如果线形处在大部件的中部，可以排除掉裂损的可能；裂损开始的部位是由受力最大的部位开始，如果线形开始的边缘和受力部位相反，以侧架为例，如果线形从上平面开始也可以排除掉裂损的可能。“头粗尾细色分明，线形粗直是印迹”，按照裂损产生的特点，裂损起点处的间隙比末端的要大；一般裂纹、裂损所产生的线形都非常的细，如果发现大部件上的线形比较粗直可以排除裂损的可能。

S1　计算机网络设置及 TEDS 软件安装(动车组)

一、考场准备

要求选用专用考试场地或适宜的动态检车现场作为考场;考场应符合技能鉴定有关规定;考场环境须符合相关规章制度、工艺要求、作业指导书的规定。

二、材料工具准备

序　号	材料名称	配置要求	数　量	备　注
1	动态服务器	CPU4 核以上、内存 16 G 以上、 硬盘 2 块 300 G 以上	1 台	
2	动态检查终端电脑	CPU4 核以上、内存 4 G 以上、 硬盘 1 块 80 G 以上	10 台	
3	操作台	1 200 mm×1 000 mm	1 张/人	

三、考核要求

1. 按照题目要求对计算机软件进行设置。
2. 打开网页检查网络是否可以使用及 TEDS 平台是否可以登录。

四、考核时限

1. 准备时间:2 min。
2. 正式操作时间:30 min。

五、考核评分

1. 考评员人数:考评员 3 名及以上。
2. 评分标准:见考核评分记录表。
3. 评分程序及规划:考评员各自根据考生作业程序在评分表上给予记录评分。
4. 算分方法:采用百分制,满分 100 分,60 分以上为及格。

六、考核评分记录表

单位:__________ 姓名:______ 性别:________ 准考证号:__________ 工种:_________ 级别:________

试题名称:计算机网络设置及 TEDS 软件安装(动车组)

考核时间:30 min

操作开始时间:　　时　　分　　　　　　　　　　　　　　　　操作结束时间:　　时　　分

项　　目	考核内容及评分标准	扣分因素及扣分	得　分
作业准备 5分	1. 按规定着工作服,佩戴臂章。2分		
	2. 检查工具、材料、设备齐全良好。3分		
作业程序 25分	1. 登录 Windows 系统。5分		
	2. 检查网络设置。5分		
	3. 根据题目在计算机上设置相关网络参数。5分		
	4. 完成网络设置。5分		
	5. 按要求安装相关计算机程序。5分		
作业质量 50分	1. 检查计算机正常启动情况。10分		
	2. 检查计算机网线连接及网卡启用情况,对损坏的网线进行更换。10分		
	3. 在计算机网络信息中设置相关参数。10分		
	4. 利用 ping 命令检查网络连接情况正常使用。10分		
	5. 检查 TEDS 作业平台是否可以正常使用。10分		
考核时间 10分	登录系统开始,在规定时间 30 min 内完成作业。每超 90 s 扣 1 分,超过 15 min 停止作业		
作业安全 10分	1. 按规定着装。5分		
	2. 操作未造成系统死机。5分		
	3. 因人为原因造成系统无法使用或计算机无法启动时,失格		
	4. 因人为原因造成计算机损坏,失格		
	5. 考核过程中发生不文明的现象,失格		
合计100分			

考评员签名:　　　　　　　　　　　　　　　　认定人:　　　　　　　　　　　　　　年　　月　　日

S2　计算机网络设置及 TFDS 软件安装（货车）

一、考场准备

要求选用专用考试场地或适宜的动态检车现场作为考场；考场应符合技能鉴定有关规定；考场环境须符合相关规章制度、工艺要求、作业指导书的规定。

二、材料工具准备

序　号	材料名称	配置要求	数　量	备　注
1	动态服务器	CPU4 核以上、内存 16 G 以上、硬盘 2 块 300 G 以上	1 台	
2	动态检查终端电脑	CPU4 核以上、内存 4 G 以上、硬盘 1 块 80 G 以上	10 台	
3	操作台	1 200 mm×1 000 mm	1 张/人	

三、考核要求

1. 按照题目要求对计算机软件进行设置。
2. 打开网页检查网络是否可以使用及 TFDS 平台是否可以登录。

四、考核时限

1. 准备时间：2 min。
2. 正式操作时间：30 min。

五、考核评分

1. 考评员人数：考评员 3 名及以上。
2. 评分标准：见考核评分记录表。
3. 评分程序及规则：考评员各自根据考生作业程序在评分表上给予记录评分。
4. 算分方法：采用百分制，满分 100 分，60 分以上为及格。

六、考核评分记录表

单位:__________ 姓名:______ 性别:________ 准考证号:__________ 工种:________ 级别:________

试题名称:计算机网络设置及 TFDS 软件安装(货车)

考核时间:30 min

操作开始时间:　　时　　分　　　　　　　　　　　　　　　　　　操作结束时间:　　时　　分

项　目	考核内容及评分标准	扣分因素及扣分	得　分
作业准备 5 分	1. 按规定着工作服,佩戴臂章。2 分		
	2. 检查工具、材料、设备齐全良好。3 分		
作业程序 25 分	1. 登录 Windows 系统。5 分		
	2. 检查网络设置。5 分		
	3. 根据题目在计算机上设置相关网络参数。5 分		
	4. 完成网络设置。5 分		
	5. 按要求安装相关计算机程序。5 分		
作业质量 50 分	1. 检查计算机正常启动情况。10 分		
	2. 检查计算机网线连接及网卡启用情况,对损坏的网线进行更换。10 分		
	3. 在计算机网络信息中设置相关参数。10 分		
	4. 利用 ping 命令检查网络连接情况正常使用。10 分		
	5. 检查 TFDS 作业平台是否可以正常使用。10 分		
考核时间 10 分	登录系统开始,在规定时间 30 min 内完成作业。每超 90 s 扣 1 分,超过 15 min 停止作业		
作业安全 10 分	1. 按规定着装。5 分		
	2. 操作未造成系统死机。5 分		
	3. 因人为原因造成系统无法使用或计算机无法启动,失格		
	4. 因人为原因造成计算机损坏,失格		
	5. 考核过程中发生不文明的现象,失格		
合计 100 分			

考评员签名:　　　　　　　　　　　　　认定人:　　　　　　　　　　　　年　　月　　日

S3　计算机网络设置及 TVDS 软件安装(客车)

一、考场准备

要求选用专用考试场地或适宜的动态检车现场作为考场;考场应符合技能鉴定有关规定;考场环境须符合相关规章制度、工艺要求、作业指导书的规定。

二、材料工具准备

序　号	材料名称	配置要求	数　量	备　注
1	动态服务器	CPU4 核以上、内存 16 G 以上、硬盘 2 块 300 G 以上	1 台	
2	动态检查终端电脑	CPU4 核以上、内存 4 G 以上、硬盘 1 块 80 G 以上	10 台	
3	操作台	1 200 mm×1 000 mm	1 张/人	

三、考核要求

1. 按照题目要求对计算机软件进行设置。
2. 打开网页检查网络是否可以使用及 TVDS 平台是否可以登录。

四、考核时限

1. 准备时间:2 min。
2. 正式操作时间:30 min。

五、考核评分

1. 考评员人数:考评员 3 名及以上。
2. 评分标准:见考核评分记录表。
3. 评分程序及规则:考评员各自根据考生作业程序在评分表上给予记录评分。
4. 算分方法:采用百分制,满分 100 分,60 分以上为及格。

六、考核评分记录表

单位：__________ 姓名：_____ 性别：______ 准考证号：________ 工种：______ 级别：______

试题名称：计算机网络设置及 TVDS 软件安装（客车）

考核时间：30 min

操作开始时间：　时　分　　　　　　操作结束时间：　时　分

项　目	考核内容及评分标准	扣分因素及扣分	得　分
作业准备 5分	1. 按规定着工作服，佩戴臂章。2 分		
	2. 检查工具、材料、设备齐全良好。3 分		
作业程序 25分	1. 登录 Windows 系统。5 分		
	2. 检查网络设置。5 分		
	3. 根据题目在计算机上设置相关网络参数。5 分		
	4. 完成网络设置。5 分		
	5. 按要求安装相关计算机程序。5 分		
作业质量 50分	1. 检查计算机正常启动情况。10 分		
	2. 检查计算机网线连接及网卡启用情况，对损坏的网线进行更换。10 分		
	3. 在计算机网络信息中设置相关参数。10 分		
	4. 利用 ping 命令检查网络连接情况正常使用。10 分		
	5. 检查 TVDS 作业平台是否可以正常使用。10 分		
考核时间 10分	登录系统开始，在规定时间 30 min 内完成作业。每超 90 s 扣 1 分，超过 15 min 停止作业		
作业安全 10分	1. 按规定着装。5 分		
	2. 操作未造成系统死机。5 分		
	3. 因人为原因造成系统无法使用或计算机无法启动，失格		
	4. 因人为原因造成计算机损坏，失格		
	5. 考核过程中发生不文明的现象，失格		
合计 100 分			

考评员签名：　　　　　　认定人：　　　　　　年　月　日

S4　计算机硬件判定、组装及程序安装(货车)

一、考场准备

要求选用专用考试场地或适宜的动态检车现场作为考场;考场应符合技能鉴定有关规定;考场环境须符合相关规章制度、工艺要求、作业指导书的规定。

二、材料工具准备

序　号	材料名称	配置要求	数　量	备　注
1	动态服务器	CPU4 核以上、内存 16 G 以上、硬盘 2 块 300 G 以上	1 台	
2	动态检查终端电脑	CPU4 核以上、内存 4 G 以上、硬盘 1 块 80 G 以上	10 台	
3	操作台	1 200 mm×1 000 mm	1 张/人	

三、考核要求

1. 掌握计算机安装的基础知识,了解各配件不同型号硬件间的搭配。
2. 会利用 ghost 光盘对硬盘进行分区。
3. 能利用 ghost 正确安装操作系统。

四、考核时限

1. 准备时间:3 min。
2. 正式操作时间:120 min。
3. 计时自进入硬件安装区域开始,到安装完毕示意时结束。

五、考核评分

1. 考评员人数:考评员 3 名及以上。
2. 评分标准:见考核评分记录表。
3. 评分程序及规则:考评员各自根据考生作业程序在评分表上给予记录评分。
4. 算分方法:采用百分制,满分 100 分,60 分以上为及格。

六、考核评分记录表

单位：__________ 姓名：_____ 性别：_______ 准考证号：__________ 工种：________ 级别：________

试题名称：计算机硬件判定、组装及程序安装(货车)

考核时间：120 min

操作开始时间：　时　分　　　　操作结束时间：　时　分

项　目	考核内容及评分标准	扣分因素及扣分	得　分
作业准备 5分	1. 按规定着工作服，佩戴臂章。2分		
	2. 检查工具、材料、设备齐全良好。3分		
作业程序 30分	1. 根据题目选取相关计算机配件。6分		
	2. 对选择的计算机配件进行组装。6分		
	3. 完成计算机组装后示意考评员对组装的计算机进行检查(避免电子器材通电烧坏，考评员检查前不得通电开机)。6分		
	4. 根据题目要求安装相关 TFDS 计算机程序。6分		
	5. 完成安装。6分		
作业质量 50分	1. 选取相关计算机配件，连接前置 USB 及音频连接线，电源线按规定进行捆绑。15分		
	2. 连接主板、内存、硬盘、CPU、电源等相关电子配件，光驱线及电源正确连接。15分		
	3. 完成计算机组装后对计算机系统进行安装。10分		
	4. 系统安装铁路动车 TFDS 版本。10分		
考核时间 10分	登录系统开始，在规定时间 120 min 内完成作业。每超 6 min 扣 1 分，超过 60 min 停止作业		
作业安全 5分	1. 按规定着装。2分		
	2. 操作未造成系统死机。3分		
	3. 因人为原因造成系统无法使用或计算机无法启动，失格		
	4. 因人为原因造成计算机损坏，失格		
	5. 考核过程中发生不文明的现象，失格		
合计 100 分			

考评员签名：　　　　　　认定人：　　　　　　年　　月　　日

S5　计算机硬件判定、组装及程序安装（客车）

一、考场准备

要求选用专用考试场地或适宜的动态检车现场作为考场；考场应符合技能鉴定有关规定；考场环境须符合相关规章制度、工艺要求、作业指导书的规定。

二、材料工具准备

序　号	材料名称	配置要求	数　量	备　注
1	动态服务器	CPU4 核以上、内存 16 G 以上、硬盘 2 块 300 G 以上	1 台	
2	动态检查终端电脑	CPU4 核以上、内存 4 G 以上、硬盘 1 块 80 G 以上	10 台	
3	操作台	1 200 mm×1 000 mm	1 张/人	

三、考核要求

1. 掌握计算机安装的基础知识，了解各配件不同型号硬件间的搭配。
2. 会利用 ghost 光盘对硬盘进行分区。
3. 能利用 ghost 正确安装操作系统。

四、考核时限

1. 准备时间：3 min。
2. 正式操作时间：120 min。
3. 计时自进入硬件安装区域开始，到安装完毕示意时结束。

五、考核评分

1. 考评员人数：考评员 3 名及以上。
2. 评分标准：见考核评分记录表。
3. 评分程序及规则：考评员各自根据考生作业程序在评分表上给予记录评分。
4. 算分方法：采用百分制，满分 100 分，60 分以上为及格。

六、考核评分记录表

单位:__________ 姓名:______ 性别:________ 准考证号:__________ 工种:________ 级别:________

试题名称:计算机硬件判定、组装及程序安装(客车)

考核时间:120 min

操作开始时间:　　时　　分　　　　　　　　　　　　　　　　操作结束时间:　　时　　分

项　　目	考核内容及评分标准	扣分因素及扣分	得　分
作业准备 5 分	1. 按规定着工作服,佩戴臂章。2 分		
	2. 检查工具、材料、设备齐全良好。3 分		
作业程序 30 分	1. 根据题目选取相关计算机配件。6 分		
	2. 对选择的计算机配件进行组装。6 分		
	3. 完成计算机组装后示意考评员对组装的计算机进行检查(避免电子器材通电烧坏,考评员检查前不得通电开机)。6 分		
	4. 根据题目要求安装相关 TFDS 计算机程序。6 分		
	5. 完成安装。6 分		
作业质量 50 分	1. 选取相关计算机配件,连接前置 USB 及音频连接线,电源线按规定进行捆绑。15 分		
	2. 连接主板、内存、硬盘、CPU、电源等相关电子配件,光驱线及电源正确连接。15 分		
	3. 完成计算机组装后对计算机系统进行安装。10 分		
	4. 系统安装铁路动车 TVDS 版本。10 分		
考核时间 10 分	登录系统开始,在规定时间 120 min 内完成作业。每超 6 min 扣 1 分,超过 60 min 停止作业		
作业安全 5 分	1. 按规定着装。2 分		
	2. 操作未造成系统死机。3 分		
	3. 因人为原因造成系统无法使用或计算机无法启动,失格		
	4. 因人为原因造成计算机损坏,失格		
	5. 考核过程中发生不文明的现象,失格		
合计 100 分			

考评员签名:　　　　　　　　　　　　认定人:　　　　　　　　　　　　年　　月　　日

S6 计算机硬件判定、组装及程序安装(动车组)

一、考场准备

要求选用专用考试场地或适宜的动态检车现场作为考场;考场应符合技能鉴定有关规定;考场环境须符合相关规章制度、工艺要求、作业指导书的规定。

二、材料工具准备

序 号	材料名称	配置要求	数 量	备 注
1	动态服务器	CPU4 核以上、内存 16 G 以上、 硬盘 2 块 300 G 以上	1 台	
2	动态检查终端电脑	CPU4 核以上、 内存 4 G 以上、硬盘 1 块 80 G 以上	10 台	
3	操作台	1 200 mm×1 000 mm	1 张/人	

三、考核要求

1. 掌握计算机安装的基础知识,了解各配件不同型号硬件间的搭配。
2. 会利用 ghost 光盘对硬盘进行分区。
3. 能利用 ghost 正确安装操作系统。

四、考核时限

1. 准备时间:3 min。
2. 正式操作时间:120 min。
3. 计时自进入硬件安装区域开始,到安装完毕示意时结束。

五、考核评分

1. 考评员人数:考评员 3 名及以上。
2. 评分标准:见考核评分记录表。
3. 评分程序及规则:考评员各自根据考生作业程序在评分表上给予记录评分。
4. 算分方法:采用百分制,满分 100 分,60 分以上为及格。

六、考核评分记录表

单位：__________ 姓名：_____ 性别：_______ 准考证号：_________ 工种：_______ 级别：_______

试题名称：计算机硬件判定、组装及程序安装（动车组）

考核时间：120 min

操作开始时间：　　时　　分　　　　　　　　　　　　操作结束时间：　　时　　分

项　　目	考核内容及评分标准	扣分因素及扣分	得　分
作业准备 5分	1. 按规定着工作服，佩戴臂章。2分		
	2. 检查工具、材料、设备齐全良好。3分		
作业程序 30分	1. 根据题目选取相关计算机配件。6分		
	2. 对选择的计算机配件进行组装。6分		
	3. 完成计算机组装后示意考评员对组装的计算机进行检查（避免电子器材通电烧坏，考评员检查前不得通电开机）。6分		
	4. 根据题目要求安装相关 TFDS 计算机程序。6分		
	5. 完成安装。6分		
作业质量 50分	1. 选取相关计算机配件，连接前置 USB 及音频连接线，电源线按规定进行捆绑。15分		
	2. 连接主板、内存、硬盘、CPU、电源等相关电子配件，光驱线及电源正确连接。15分		
	3. 完成计算机组装后对计算机系统进行安装。10分		
	4. 系统安装铁路动车 TEDS 版本。10分		
考核时间 10分	登录系统开始，在规定时间 120 min 内完成作业。每超 6 min 扣 1 分，超过 60 min 停止作业		
作业安全 5分	1. 按规定着装。2分		
	2. 操作未造成系统死机。3分		
	3. 因人为原因造成系统无法使用或计算机无法启动，失格		
	4. 因人为原因造成计算机损坏，失格		
	5. 考核过程中发生不文明的现象，失格		
合计100分			

考评员签名：　　　　　　　　　　　　认定人：　　　　　　　　　　　　年　　月　　日

S7 使用上锁销组成检测样板检查上锁销杆挂钩磨耗

一、考核准备

1. 设备准备

13B 型车钩或 C64K 型敞车一辆。

2. 材料准备

序 号	名 称	规 格	单 位	备 注
1	手锤、钩引		1 把	
2	检测样板		1 件	
3	红旗		1 面	
4	秒表		1 块	考评员用

3. 考场准备

(1)货车台位 1 个,采光良好。

(2)采光良好的教室一间。

4. 考生准备

防护服装、臂章、准考证、身份证等。

二、技术要求

按《铁路货车段修规程》执行。

三、考核要求

1. 遵守考场纪律和考核时间。
2. 按照作业要求做好各项准备工作。
3. 注意作业安全,防止磕碰摔伤等。
4. 按规章要求由认定人独立完成。
5. 按照段修规定进行测量。
6. 测量方法要求正确。
7. 测量尺寸符合要求。

四、考核时限

1. 准备时间:2 min。
2. 正式操作时间:15 min。
3. 计时从插设安全防护红旗开始,到撤除安全防护红旗时止。
4. 超过时间标准 7 min 30 s 停止作业。

五、考核评分

1. 考评员 2 名。

2. 评分要点见考核评分记录表。

3. 评分程序及规则：考评员根据考生操作情况对照标准答案在评分表上给予记录评分。

4. 算分方法：采用百分制，满分 100 分，60 分以上为及格。

六、考核评分记录表

单位：________ 姓名：______ 性别：______ 准考证号：________ 工种：________ 级别：________

试题名称：使用上锁销组成检测样板检查上锁销杆挂钩磨耗

考核时间：15 min

操作开始时间：　　时　　分　　　　　　操作结束时间：　　时　　分

项　目	考核内容及评分标准	扣分因素及扣分	得　分
作业程序 20 分	1. 按规定插设安全防护红旗，在沿途车站调查处理车辆故障使用时，将红旗（或红灯）插挂在车端部；要求红旗无破损、污迹，旗面展开；红灯明亮		
	2. 检查上锁销后，检查车钩挂钩，磨耗量具按照段修规定进行测量并口述限度		
	3. 检查测量完毕，撤除安全防护红旗。未按顺序作业每处扣 5 分，未报限度每处扣 3 分		
作业质量 50 分	1. 未检查上锁销扣 5 分，使用量具不规范扣 5 分		
	2. 测量上锁销杆挂钩磨耗时，将检测样板垂直置于挂钩处，样板不能插入则符合要求（磨耗限度要求不小于 41 mm）。测量方法不正确扣 5 分		
	3. 测量完毕后撤除安全防护红旗。要求轻拿轻放、不磕碰检测样板；擦拭完后，按规定恢复原状并放置在规定位置。使用方法不正确扣 5 分		
工具装备 10 分	工具未收每件扣 5 分，损坏工具每件扣 5 分		
考核时间 10 分	规定时间内全部完成，每超 45 s 扣 1 分，超过 7 min 30 s 停止作业		
作业安全 10 分	1. 未按规定着装扣 2 分		
	2. 有不安全因素每次扣 3 分		
	3. 受轻伤扣 5 分		
	4. 受伤不能继续工作，失格		
合计 100 分			

考评员签名：　　　　　　　　认定人：　　　　　　　　年　　月　　日

S8　使用17型车钩检测量规对17型钩舌S面磨耗检测

一、考核准备

1. 设备准备

装有17型下作用车钩的通用货车一辆。

2. 材料准备

序　号	名　　称	规　　格	单　　位	备　　注
1	手锤、钩引		1把	
2	S面样板		1把	
3	安全防护红旗		1面	
4	秒表		1块	考评员用

3. 考场准备

(1)货车台位1个,采光良好。

(2)采光良好的教室一间。

4. 考生准备

防护服装、臂章、准考证、身份证等。

二、技术要求

按《铁路货车段修规程》执行。

三、考核要求

1. 遵守考场纪律和考核时间。
2. 按照作业要求做好各项准备工作。
3. 注意作业安全,防止磕碰摔伤等。
4. 按规章要求由认定人独立完成。
5. 按照段修规定进行测量。
6. 测量方法要求正确。
7. 测量尺寸符合要求。

四、考核时限

1. 准备时间:2 min。
2. 正式操作时间:20 min。
3. 计时从插设安全防护红旗开始,到撤除安全防护红旗时止。

4. 超过时间标准 10 min 停止作业。

五、考核评分

1. 考评员 2 名。
2. 评分要点见考核评分记录表。
3. 评分程序及规则：考评员根据考生操作情况对照标准答案在评分表上给予记录评分。
4. 算分方法：采用百分制，满分 100 分，60 分以上为及格。

六、考核评分记录表

单位：＿＿＿＿＿ 姓名：＿＿＿ 性别：＿＿＿＿ 准考证号：＿＿＿＿＿ 工种：＿＿＿＿ 级别：＿＿＿＿

试题名称：17 型车钩检测量规对 17 型钩舌 S 面磨耗检测

考核时间：20 min

操作开始时间：　　时　　分　　　　　　　　操作结束时间：　　时　　分

项　　目	考核内容及评分标准	扣分因素及扣分	得　分
作业程序 20 分	1. 按规定插设安全防护红旗，在沿途车站调查处理车辆故障使用时，将红旗(或红灯)插挂在车端部；要求红旗无破损、污迹，旗面展开；红灯明亮		
	2. 检查钩舌后，检查车钩 S 面量具按照段修规定进行测量并口述限度		
	3. 检查测量完毕，撤除安全防护红旗。未按顺序作业每处扣 5 分，未报限度每处扣3 分		
作业质量 50 分	1. 未检查钩舌扣 5 分，使用量具不规范扣 5 分		
	2. 样板与钩舌在 A、B、C 三处贴靠，滑动滑尺与钩舌接触，当刻度在 0～5 mm 之间时，则为合格。超出 5 mm 时为不合格，需要修复。测量方法不正确扣 5 分		
	3. 测量完毕后撤除安全防护红旗。要求轻拿轻放、不磕碰检测量规；擦拭完后，按规定恢复原状并放置在规定位置。使用方法不正确扣 5 分		
工具装备 10 分	工具未收每件扣 5 分，损坏工具每件扣 5 分		
考核时间 10 分	规定时间内全部完成，每超 1 min 扣 1 分，超过 10 min 停止作业		
作业安全 10 分	1. 未按规定着装扣 2 分		
	2. 有不安全因素每次扣 3 分		
	3. 受轻伤扣 5 分		
	4. 受伤不能继续工作，失格		
合计 100 分			

考评员签名：　　　　　　　　认定人：　　　　　　　　年　　月　　日

S9 列车分离事故调查

一、考核准备

1. 设备准备

通用敞车 2 辆，型号不限。

2. 材料准备

序 号	名 称	规 格	单 位	备 注
1	手锤	1.35 kg	1 把	
2	起销器		1 把	
3	开销器		1 套	
4	检测车钩样板		1 套	样板型号根据车型准备
5	车钩高度检查尺		1 个	
6	盒尺		1 个	
7	钢笔或圆珠笔		1 支	
8	计时器		1 只	
9	草稿纸		适量	所需数量按人次计算
10	检车锤		1 把	

3. 考场准备

(1)货车台位 1 个，采光良好。

(2)采光良好的教室一间。

4. 考生准备

防护服装、臂章、准考证、身份证等。

二、技术要求

按《铁路货车运用维修规程》《事规》有关规定执行。

三、考核要求

1. 遵守考场纪律和考核时间。
2. 按照作业要求做好各项准备工作。
3. 注意作业安全，防止磕碰摔伤等。
4. 按规章要求由认定人独立完成。
5. 由拟题人或考评员确定故障及其他条件（也可在车辆上设置故障）。
6. 赶赴现场，对列车分离事故进行全面了解和技术调查。

7. 对故障(事故)配件妥善保管,事故责任未落实者不得自行处理。

8. 做好有关记录,根据调查结果写出书面材料并及时向上级汇报。

四、考核时限

1. 准备时间:2 min。
2. 正式操作时间:40 min。
3. 计时从调查开始,到上交调查报告时止。
4. 超过时间标准 20 min 停止作业。

五、考核评分

1. 考评员 2 名。
2. 评分要点见考核评分记录表。
3. 评分程序及规则:考评员根据考生操作情况对照标准答案在评分表上给予记录评分。
4. 算分方法:采用百分制,满分 100 分,60 分以上为及格。

六、考核评分记录表

单位:__________ 姓名:______ 性别:_______ 准考证号:__________ 工种:________ 级别:_______

试题名称:列车分离事故调查

考核时间:40 min

操作开始时间: 时 分　　　　操作结束时间: 时 分

项　目	考核内容及评分标准	扣分因素及扣分	得　分
作业程序 30 分	1. 勘查现场,详细调查分离车钩是开锁位还是闭锁位,列车编组辆数,分离车辆编挂位数,分离时地段路基情况,列车运行途中有无被障碍物撞击痕迹,停留时有无闲杂人员逗留或横越线路,与机车连挂是否正位,捆绑货物的绳索是否捆绑在提钩杆上等。无检查记录失格,记录不全每项扣 2 分。记录分离事故发生的地点(线别、站名、区间、里程)、时间(到发、甩车及晚点时分)、车次、牵引吨数、机车型号、车辆分离故障部位及程度,定检日期及单位,发到站及货物名称,发车列检所及时间,关系人员的职务、姓名等。以上各项每漏记一项扣 1 分		
	2. 分别检查分离车钩的形式,上下作用别,“三态”作用及各部分磨耗程度(通过车钩样板检测),钩提杆是否弯曲或别劲,钩提杆链是否过短,钩提杆与座凹槽间隙是否过大或是否入槽,钩托板、钩舌销状态,车钩各部限度等,确认车钩配件是否齐全及破损情况,并做好记录。以上各项每漏检查、记录一项扣 2 分		
	3. 对事故关系人分别调查,写出书面材料		
	4. 检查有关技术文件的编制情况		
	5. 根据调查结果初步判定事故原因和责任,并及时向上级汇报。根据调查结果写出书面调查报告。以上调查程序每错一项扣 6 分		

续上表

项　　目	考核内容及评分标准	扣分因素及扣分	得　分
作业质量 40分	1. 车钩各部的磨耗及限度没有检测、测量的每项扣2分		
	2. 未对事故关系人进行调查的扣5分;无记录扣3分		
	3. 无判断事故责任及原因失格;未及时汇报扣10分;无书面报告的扣10分;报告书写条理不清扣5分		
工具装备 10分	未收拾有关用具每件扣1分,不会使用扣5分		
考核时间 10分	规定时间内全部完成,每超2 min扣1分,超过20 min停止作业		
作业安全 10分	1. 未按规定着装扣2分		
	2. 受轻伤破皮、出血、青肿扣5分		
	3. 受伤不能继续工作,失格		
合计100分			

考评员签名：　　　　认定人：　　　　年　　月　　日

S10 车辆制动梁或下拉杆脱落事故调查

一、考核准备

1. 设备准备

通用敞车 1 辆,型号不限。

2. 材料准备

序 号	名 称	规 格	单 位	备 注
1	草稿纸		适量	
2	钢笔或圆珠笔		1 支	
3	秒表		1 块	考评员用

3. 考场准备

(1)货车台位 1 个,采光良好。

(2)采光良好的教室一间。

4. 考生准备

防护服装、臂章、准考证、身份证等。

二、技术要求

按《铁路货车运用维修规程》《事规》有关规定执行。

三、考核要求

1. 遵守考场纪律和考核时间。

2. 按照作业要求做好各项准备工作。

3. 注意作业安全,防止磕碰摔伤等。

4. 按规章要求由认定人独立完成。

5. 赶赴现场,按照《事规》规定的调查项目进行调查记录。

6. 根据调查结果写出书面材料并及时向上级汇报。

四、考核时限

1. 准备时间:2 min。

2. 正式操作时间:40 min(不含往返现场走路时间)。

3. 计时从调查开始，到上交调查报告时止。

4. 超过时间标准 20 min 停止作业。

五、考核评分

1. 考评员 2 名。

2. 评分要点见考核评分记录表。

3. 评分程序及规则：考评员根据考生操作情况对照标准答案在评分表上给予记录评分。

4. 算分方法：采用百分制，满分 100 分，60 分以上为及格。

六、考核评分记录表

单位：＿＿＿＿＿　姓名：＿＿＿　性别：＿＿＿＿准考证号：＿＿＿＿＿　工种：＿＿＿＿级别：＿＿＿＿

试题名称：车辆制动梁或下拉杆脱落事故调查

考核时间：40 min

操作开始时间：　　时　　分　　　　　　　　　　　　　　　　　操作结束时间：　　时　　分

项　目	考核内容及评分标准	扣分因素及扣分	得　分
作业程序 20分	1. 勘查现场，详细检查机车、线路及其他设备。机车、车辆、线路及设备情况无检查、记录失格、记录不全每项扣 2 分，无其他相关记录每项扣 2 分		
	2. 记录事故发生的地点、时间(到发、甩车及晚点时分)、车次、列车编组辆数、牵引吨数、机车型号、司机与车长姓名，发生事故的车辆型号、方位、定检日期及单位、发到站及货物名称、破损故障部位及程度、制动机、转向架、车钩、轮对型式及技术状态、发车列检所及时间、关系人员的职名、姓名等。以上各项每漏记一项扣 1 分		
	3. 对事故车辆进行详细的技术检查并做好详尽记录，必要时应拍摄照片，并通知有关局、段、站来人共同确认。未做记录每项扣 1 分		
作业质量 50分	1. 对事故关系人员分别调查，并写出书面材料。未对事故关系人进行调查扣 5 分，无记录扣 3 分		
	2. 详细检查记录制动梁、闸瓦托吊型号，折断部位新旧痕比例，安全链状态；U 形插销及各有关圆销、开口销是否折断、丢失及劈开角度，如滑槽式制动梁应测量制动梁长度等各部位尺寸、安全搭载量，与制动梁脱落相关的车轮直径，检查侧架滑槽的技术状态，脱落前的线路状态，脱落后线路的损坏状况，收集散落配件，检查有无异物打伤及刮轨痕迹。以上各项每漏记一项扣 1 分		

续上表

项　目	考核内容及评分标准	扣分因素及扣分	得　分
作业质量 50分	3. 调查是否有人为破坏的迹象。无检查、记录人为破坏情况扣5分		
	4. 根据调查结果初步判定事故原因及责任，并及时向上级详细汇报，无判定事故原因及责任失格，未及时汇报扣10分		
	5. 根据调查结果写出书面调查报告并及时向上级汇报。无书面调查报告扣10分，报告书写条理不清扣5分		
工具装备 10分	正确使用工具、设备；不会使用扣5分，损坏工具、设备扣5分；未收拾有关用具每件扣1分		
考核时间 10分	规定时间内全部完成，每超2 min扣1分，超过20 min停止作业		
作业安全 10分	1. 未按规定着装扣2分		
	2. 受轻伤扣5分		
	3. 受伤不能继续工作，失格		
合计100分			

考评员签名：　　　　　　　　　　认定人：　　　　　　　　　　年　　月　　日